21世紀を生きる若い人たちへ

池上彰の現代史授業

池上 彰 監修・著

昭和編②

昭和三十年代

もはや戦後ではない！

ミネルヴァ書房

はじめに

日本《にほん》とアジアの関係《かんけい》のニュースでは、「戦争中《せんそうちゅう》」という言葉《ことば》がよく登場《とうじょう》します。この戦争《せんそう》とは、「太平洋戦争《たいへいようせんそう》」のこと。戦争《せんそう》を経験《けいけん》した人《ひと》が少《すく》なくなって、戦争《せんそう》の歴史《れきし》が若《わか》い人《ひと》たちに伝《つた》えられなくなっています。でも、あの戦争《せんそう》によって、いまの日本《にほん》やアジアの関係《かんけい》が作《つく》られました。日本《にほん》に暮《く》らす私《わたし》たちは「知《し》らない」では済《す》まされないのです。

また、世界《せかい》で紛争《ふんそう》が起《お》きるたびに「東西冷戦《とうざいれいせん》」という言葉《ことば》が出《で》てきます。太平洋戦争《たいへいようせんそう》を含《ふく》む第二次世界大戦《だいにじせかいたいせん》が終《お》わった後《あと》、世界《せかい》はあらたな「冷戦《れいせん》」という対立《たいりつ》を迎《むか》えたのです。その東西冷戦《とうざいれいせん》は、「ベルリンの壁《かべ》」が崩壊《ほうかい》して終《お》わりました。そもそもベルリンの壁《かべ》とは、どんなものだったのでしょうか。そのことを知《し》ると、現代世界《げんだいせかい》がよりよく理解《りかい》できます。

いまの世《よ》の中《なか》は複雑《ふくざつ》で、国際関係《こくさいかんけい》もややこしいことが多《おお》く、ニュースを理解《りかい》するのは、なかなかむずかしいことと思《おも》います。しかし、現代《げんだい》より少《すこ》し前《まえ》の歴史《れきし》を見《み》ると、なぜ

写真：東京都提供

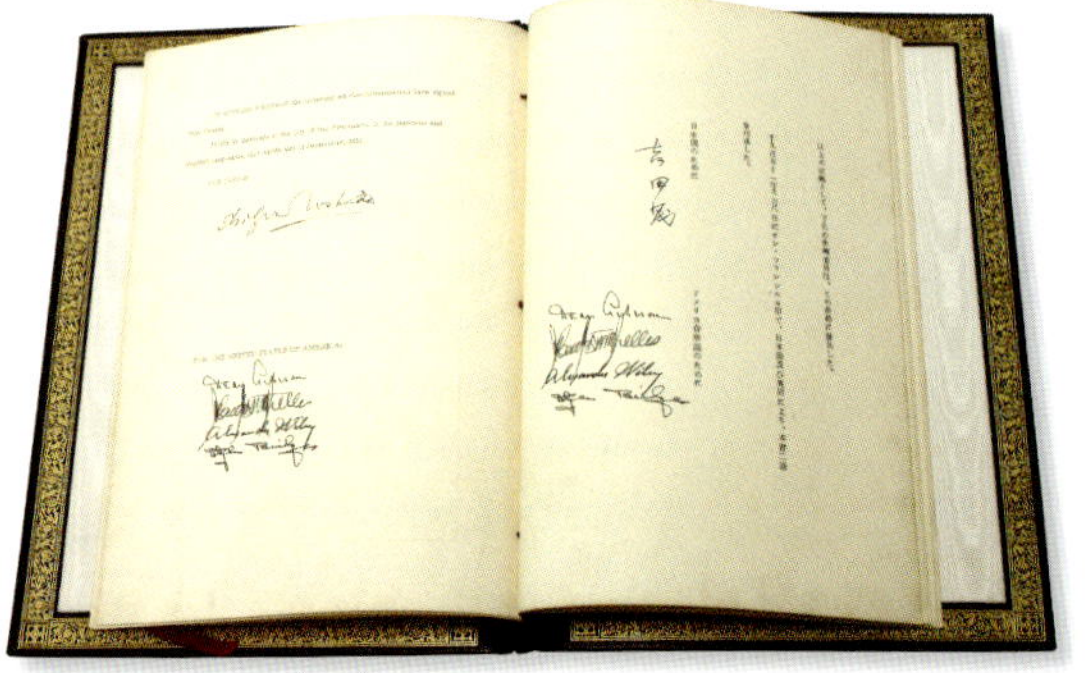

現代社会《げんだいしゃかい》がこうなっているのか、その理由《りゆう》がよく見《み》えてきます。

日本《にほん》の歴史《れきし》は小学校《しょうがっこう》や中学校《ちゅうがっこう》で勉強《べんきょう》しますが、第二次世《だいにじせ》界大戦《かいたいせん》まで来《く》ると時間切《じかんぎ》れで、戦後《せんご》の歴史《れきし》をしっかり学《まな》ぶことは少《すく》ないのが現状《げんじょう》です。これでは現代《げんだい》のことがわかりません。そこで、この本《ほん》の出番《でばん》です。

全部《ぜんぶ》で8巻《かん》のこの本《ほん》は、学校《がっこう》で習《なら》うことの少《すく》ない現代《げんだい》の歴史《れきし》を取《と》り上《あ》げています。若《わか》い人《ひと》たちに歴史《れきし》を知《し》ってほしいと願《ねが》う漫画家《まんがか》たちが、挿絵《さしえ》を描《えが》いてくれました。わかりやすく読《よ》み進《すす》めば現代《げんだい》の日本《にほん》と世界《せかい》が見《み》えてくるはずです。

最初《さいしょ》の4巻《かん》は、昭和《しょうわ》の時代《じだい》、残《のこ》り4巻《かん》は平成《へいせい》の時代《じだい》を扱《あつか》っています。読《よ》み物《もの》として読《よ》んでもいいし、調《しら》べ学習《がくしゅう》にも使《つか》えます。過去《かこ》の失敗《しっぱい》と成功《せいこう》を学《まな》ぶことで、よりよい未来《みらい》は築《きず》けます。未来《みらい》の日本《にほん》と世界《せかい》を支《ささ》えることになるあなたに読《よ》んでほしいのです。

ジャーナリスト
池上《いけがみ》 彰《あきら》

この本《ほん》のつかい方《かた》

そのとき日本では？
この色《いろ》の見出《みだ》しでは、日本《にほん》で起《お》こったできごとを解説《かいせつ》しています。

各《かく》パートごとのテーマを見出《みだ》しとしてあらわしています。

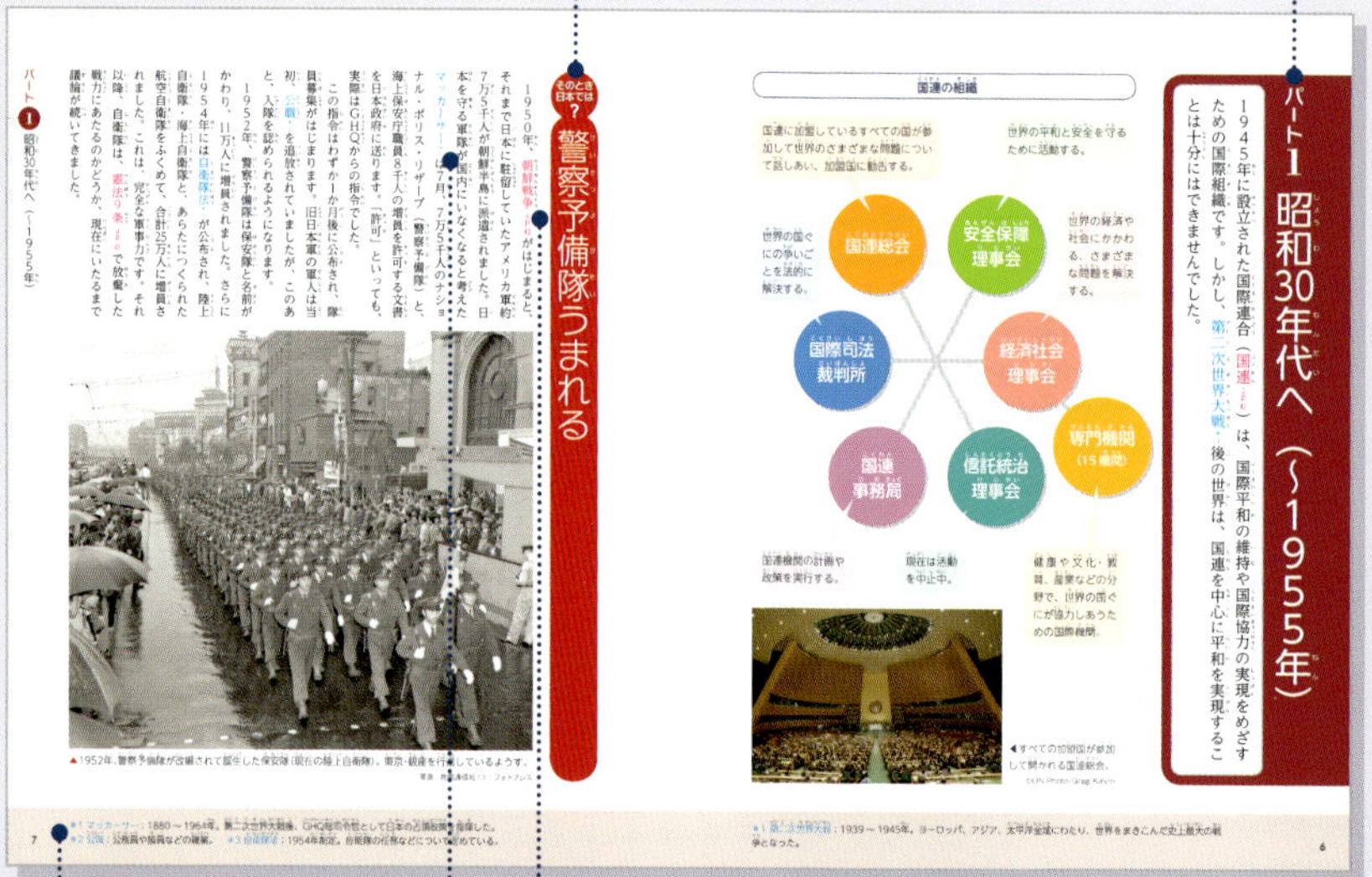

水色《みずいろ》の言葉《ことば》は、そのページの下《した》に説明《せつめい》があります。

ピンク色《いろ》の言葉《ことば》は、41ページからの用語集《ようごしゅう》にくわしい説明《せつめい》があります。

もっと知りたい！
本文《ほんぶん》の内容《ないよう》について、さらにくわしく解説《かいせつ》をしています。

池上解説　池上彰《いけがみあきら》からのワンポイント解説《かいせつ》。本文《ほんぶん》の内容《ないよう》がよりよくわかります。

そのとき世界では？
この色《いろ》の見出《みだ》しでは、世界《せかい》で起《お》こったできごとを解説《かいせつ》しています。

もくじ

パート1 昭和《しょうわ》30年《ねん》代《だい》へ（〜1955年《ねん》）

1945年《ねん》に設立《せつりつ》された国際連合《こくさいれんごう》（国連《こくれん》⇒P41）は、国際平和《こくさいへいわ》の維持《いじ》や国際協力《こくさいきょうりょく》の実現《じつげん》をめざすための国際組織《こくさいそしき》です。しかし、第二次世界大戦《だいにじせかいたいせん》＊1後《ご》の世界《せかい》は、国連《こくれん》を中心《ちゅうしん》に平和《へいわ》を実現《じつげん》することは十分《じゅうぶん》にはできませんでした。

国連《こくれん》の組織《そしき》

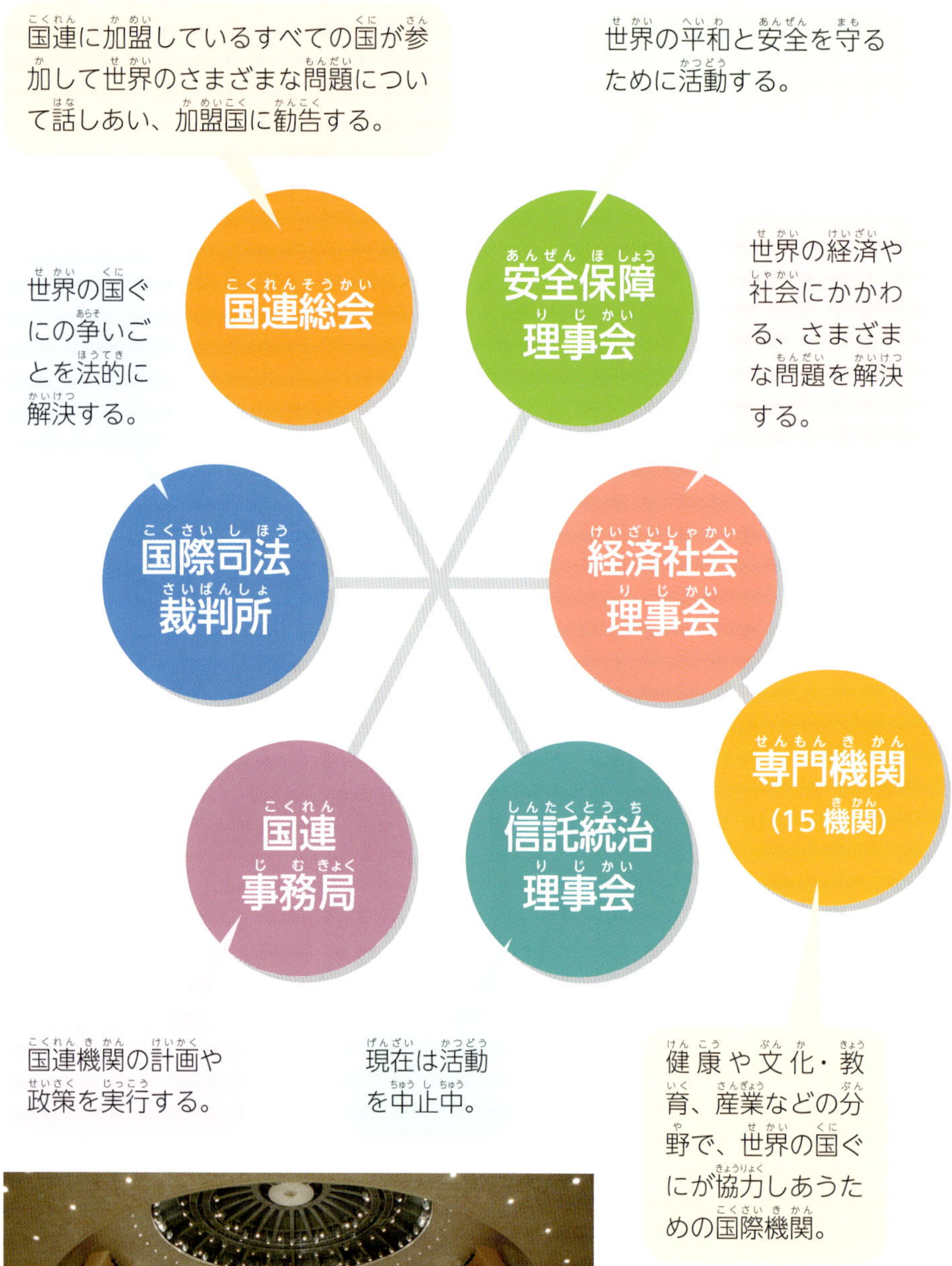

◀すべての加盟国《かめいこく》が参加《さんか》して開《ひら》かれる国連総会《こくれんそうかい》。

＊1 第二次世界大戦《だいにじせかいたいせん》：1939〜1945年《ねん》。ヨーロッパ、アジア、太平洋全域《たいへいようぜんいき》にわたり、世界《せかい》をまきこんだ史上最大《しじょうさいだい》の戦争《そう》となった。

そのとき日本では？

警察予備隊《けいさつよびたい》うまれる

1950年《ねん》、朝鮮戦争《ちょうせんせんそう》⇒P42がはじまると、それまで日本《にほん》に駐留《ちゅうりゅう》していたアメリカ軍約《ぐんやく》7万《まん》5千人《せんにん》が朝鮮半島《ちょうせんはんとう》に派遣《はけん》されました。日《に》本《ほん》を守《まも》る軍隊《ぐんたい》が国内《こくない》にいなくなると考《かんが》えたマッカーサー＊1は7月《がつ》、7万《まん》5千人《せんにん》のナショナル・ポリス・リザーブ（警察予備隊《けいさつよびたい》）と、海上保安庁職員《かいじょうほあんちょうしょくいん》8千人《せんにん》の増員《ぞういん》を許可《きょか》する文書《ぶんしょ》を日本政府《にほんせいふ》に送《おく》ります。「許可《きょか》」といっても、実際《じっさい》はGHQ《ジーエイチキュー》からの指令《しれい》でした。

この指令《しれい》はわずか1か月後《げつご》に公布《こうふ》され、隊《たい》員募集《いんぼしゅう》がはじまります。旧日本軍《きゅうにほんぐん》の軍人《ぐんじん》は当《とう》初《しょ》、公職《こうしょく》＊2を追放《ついほう》されていましたが、このあと、入隊《にゅうたい》を認《みと》められるようになります。

1952年《ねん》、警察予備隊《けいさつよびたい》は保安隊《ほあんたい》と名前《なまえ》がかわり、11万人《まんにん》に増員《ぞういん》されました。さらに1954年《ねん》には自衛隊法《じえいたいほう》＊3が公布《こうふ》され、陸上《りくじょう》自衛隊《じえいたい》・海上自衛隊《かいじょうじえいたい》と、あらたにつくられた航空自衛隊《こうくうじえいたい》をふくめて、合計《ごうけい》25万人《まんにん》に増員《ぞういん》されました。これは、完全《かんぜん》な軍事力《ぐんじりょく》です。それ以降《いこう》、自衛隊《じえいたい》は、憲法《けんぽう》9条《じょう》⇒P41で放棄《ほうき》した戦力《せんりょく》にあたるのかどうか、現在《げんざい》にいたるまで議論《ぎろん》が続《つづ》いてきました。

▲1952年《ねん》、警察予備隊《けいさつよびたい》が改編《かいへん》されて誕生《たんじょう》した保安隊《ほあんたい》（現在《げんざい》の陸上自衛隊《りくじょうじえいたい》）。東京《とうきょう》・銀座《ぎんざ》を行進《こうしん》しているようす。

写真：共同通信社/ユニフォトプレス

＊1 マッカーサー：1880〜1964年《ねん》。第二次世界大戦後《だいにじせかいたいせんご》、GHQ総司令官《ジーエイチキューそうしれいかん》として日本《にほん》の占領政策《せんりょうせいさく》を指揮《しき》した。
＊2 公職《こうしょく》：公務員《こうむいん》や議員《ぎいん》などの職業《しょくぎょう》。 ＊3 自衛隊法《じえいたいほう》：1954年制定《ねんせいてい》。自衛隊《じえいたい》の任務《にんむ》などについて定《さだ》めている。

そのとき世界では？

無力《むりょく》の国連《こくれん》、それでも……

1948年《ねん》からの第一次《だいいちじ》中東戦争《ちゅうとうせんそう》⇒P42の際《さい》、国連《こくれん》は国連《こくれん》休戦監視機構《きゅうせんかんしきこう》（UNTSO《ユーエヌティーエスオー》）＊1を派遣《はけん》（事実上《じじつじょう》、初《はつ》の国連平和維持活動《こくれんへいわいじかつどう》（PKO《ピーケイオー》）⇒P42）し、朝鮮戦争《ちょうせんせんそう》で国連軍《こくれんぐん》を派遣《はけん》するなど、軍事力《ぐんじりょく》で平和維持《へいわいじ》をおこなってきています。

ところが、国連《こくれん》のめざした集団安全保障《しゅうだんあんぜんほしょう》（多《おお》くの国《くに》によって紛争《ふんそう》を防《ふせ》ごうという計画《けいかく》）は、ほとんど機能《きのう》しませんでした。なぜなら国連安全保障理事会《こくれんあんぜんほしょうりじかい》⇒P41の決議《けつぎ》では、常任理《じょうにんり》事国《じこく》が拒否権《きょひけん》をもち、1国《こく》でも反対《はんたい》すれば、ほかの国《くに》がすべて賛成《さんせい》しても否決《ひけつ》されるからです。常任理事国《じょうにんりじこく》は国連発足《こくれんほっそく》以来《いらい》、アメリカ、イギリス、フランス、ロシア（1991年《ねん》にソ連《れん》の代表権《だいひょうけん》を継承《けいしょう》）、中国《ちゅうごく》（1971年《ねん》に中華民国《ちゅうかみんこく》の代表《だいひょう》権《けん》を移管《いかん》）の5か国《こく》。これらの大国《たいこく》が一致《いっち》して問題《もんだい》に取《と》りくまなければ平和《へいわ》を守《まも》ることはできないという考《かんが》え方《かた》（大国一《たいこくいっ》致《ち》の原則《げんそく》）から、拒否権《きょひけん》をもっています。

それでも1948年《ねん》に世界人権宣言《せかいじんけんせんげん》⇒P42が国連総会《こくれんそうかい》で採《さい》択《たく》され、1951年《ねん》には難民条約《なんみんじょうやく》＊2が採択《さいたく》されて国連難民高《こくれんなんみんこう》等弁務官事務所《とうべんむかんじむしょ》（UNHCR《ユーエヌエイチシーアール》）⇒P41が発足《ほっそく》するなど、国連《こくれん》は安全保障《あんぜんほしょう》以外《いがい》の面《めん》での活動《かつどう》を積極的《せっきょくてき》におこなっていきます。

国連《こくれん》の加盟国数《かめいこくすう》は、発足時《ほっそくじ》には51か国《こく》でしたが、昭和《しょうわ》30年《ねん》代《だい》に入《はい》った1955年《ねん》には、76か国《こく》となりました（2014年現在《ねんげんざい》193か国《こく》。もっとも新《あたら》しい加盟国《かめいこく》は、2011年《ねん》にスーダンから独立《どくりつ》した南《みなみ》スーダン）。

▲第一次中東戦争中《だいいちじちゅうとうせんそうちゅう》、1948年《ねん》11月《がつ》のイスラエル。第一次中東戦争《だいいちじちゅうとうせんそう》では国連《こくれん》が国連休戦監視機構《こくれんきゅうせんかんしきこう》（UNTSO《ユーエヌティーエスオー》）の設立《せつりつ》を決《き》め、停戦《ていせん》を監視《かんし》してきた。

写真：AP/アフロ

＊1 国連休戦監視機構《こくれんきゅうせんかんしきこう》（UNTSO《ユーエヌティーエスオー》）：1948年《ねん》、中東戦争《ちゅうとうせんそう》の停戦《ていせん》が保《たも》たれているか監視《かんし》するため、国連安全保障理事会決《こくれんあんぜんほしょうりじかいけつ》議《ぎ》により創設《そうせつ》された組織《そしき》。　＊2 難民条約《なんみんじょうやく》：「難民《なんみん》の地位《ちい》に関《かん》する条約《じょうやく》」。難民《なんみん》の保護《ほご》や権利《けんり》などを定《さだ》めた。

そのとき日本では？

日米安保条約調印《にちべいあんぽじょうやくちょういん》

1951年《ねん》9月8日《がつようか》、サンフランシスコ講和条約《こうわじょうやく》⇒P42調《ちょう》印《いん》の当日《とうじつ》、「日本国《にほんこく》とアメリカ合衆国《がっしゅうこく》との間《あいだ》の安全保障条約《あんぜんほしょうじょうやく》（日米安保条約《にちべいあんぽじょうやく》⇒P42）」が調印《ちょういん》されました。

この条約《じょうやく》は「他国《たこく》からの侵略《しんりゃく》などに対《たい》してたがいに国《くに》の安《あん》全《ぜん》を保障《ほしょう》する」条約《じょうやく》のはずですが、じつは日本《にほん》とアメリカは対等《たいとう》ではありませんでした。日本《にほん》はアメリカのために国内《こくない》の基地《きち》を提供《ていきょう》するものの、アメリカは日本《にほん》を守《まも》る義務《ぎむ》があると は約束《やくそく》されていないのです（日本国内《にほんこくない》で反乱《はんらん》が起《お》こった場《ば》合《あい》、アメリカ軍《ぐん》が出動《しゅつどう》できることなどは明記《めいき》されている）。条約《じょうやく》の期限《きげん》や解消方法《かいしょうほうほう》についても定《さだ》めがありませんでした。なお、条約《じょうやく》の調印《ちょういん》にともない、進駐軍《しんちゅうぐん》*1は「駐留軍《ちゅうりゅうぐん》」とよばれるようになりました。

池上解説

日米安保条約《にちべいあんぽじょうやく》は不平等《ふびょうどう》

日米安保条約《にちべいあんぽじょうやく》に署名《しょめい》したのは、アメリカ側《がわ》4名《めい》に対《たい》し、日本側《にほんがわ》は吉田茂《よしだしげる》*2ただ1人《ひとり》だったんだよ。この条約《じょうやく》で、日本《にほん》は駐留《ちゅうりゅう》するアメリカ軍《ぐん》に基《き》地《ち》を提供《ていきょう》する一方《いっぽう》、アメリカには日本《にほん》を守《まも》る義務《ぎむ》がなかった。だから「不平等条《ふびょうどうじょう》約《やく》」といわれたんだね。

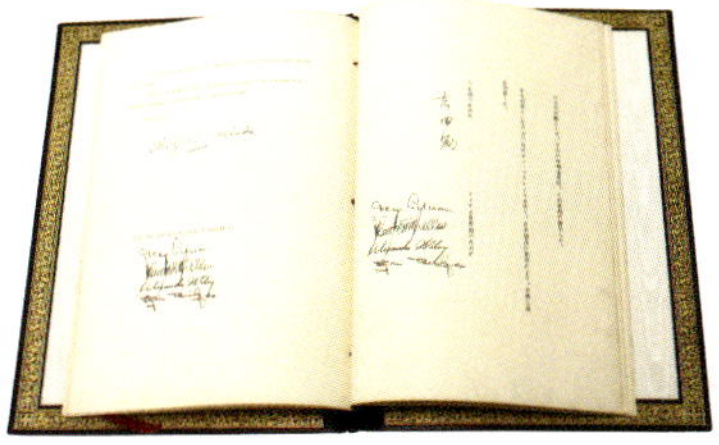

▲吉田茂《よしだしげる》の署名《しょめい》が記《しる》された日《にち》米安保条約原本《べいあんぽじょうやくげんぽん》。　外務省所蔵

在日《ざいにち》アメリカ軍《ぐん》の施設《しせつ》・区域《くいき》の都道府県別面積《とどうふけんべつめんせき》

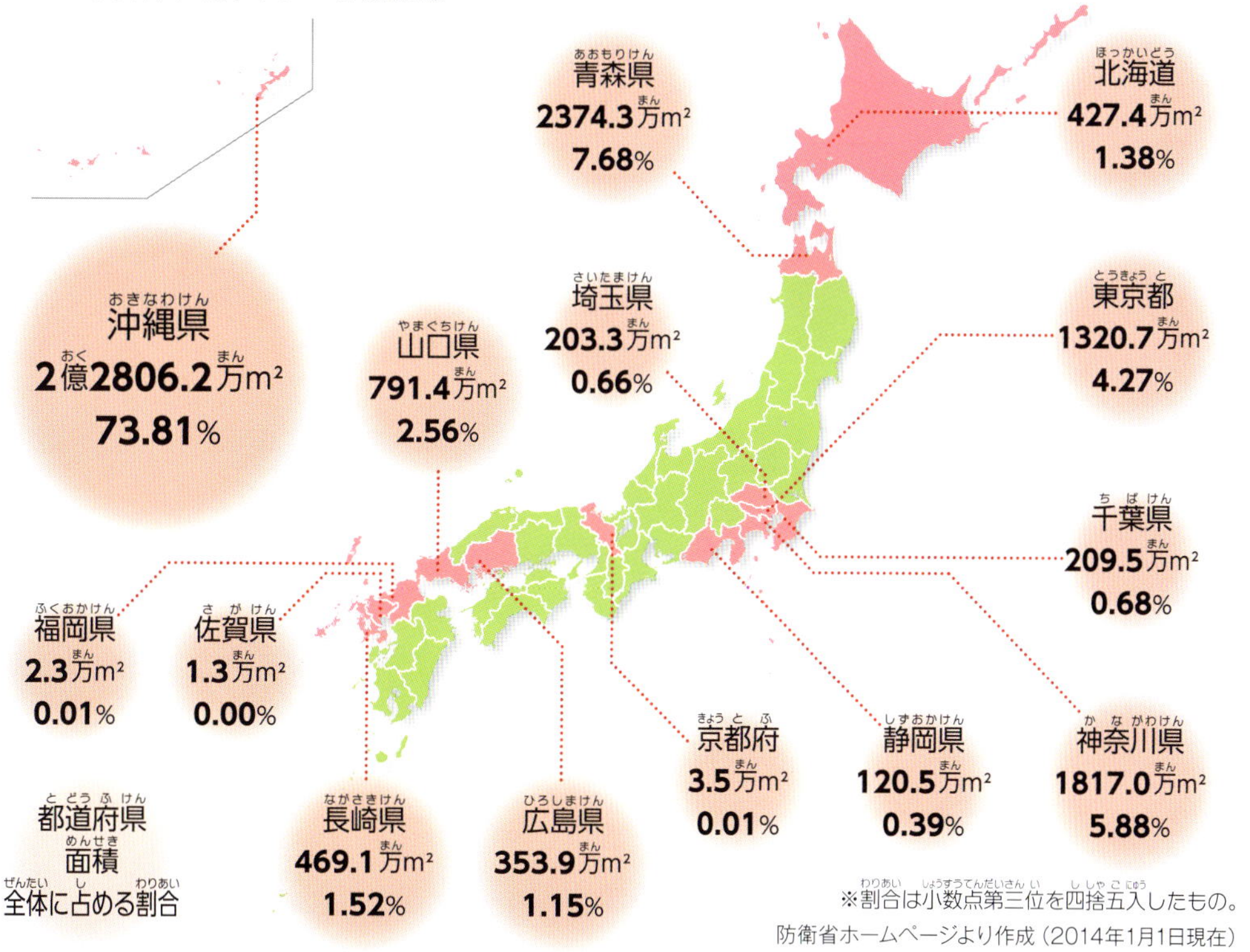

※割合《わりあい》は小数点第三位《しょうすうてんだいさんい》を四捨五入《ししゃごにゅう》したもの。
防衛省ホームページより作成（2014年1月1日現在）

*1 進駐軍《しんちゅうぐん》：第二次世界大戦後《だいにじせかいたいせんご》、日本《にほん》を占領《せんりょう》した連合国軍《れんごうこくぐん》のこと。　*2 吉田茂《よしだしげる》：1878〜1967年《ねん》。東京出身《とうきょうしゅっしん》の政治《せいじ》家《か》。1946〜1947年《ねん》と、1948〜1954年《ねん》、合計《ごうけい》5度《ど》にわたり内閣総理大臣《ないかくそうりだいじん》をつとめる。

パート1 昭和《しょうわ》30年代《ねんだい》へ（〜1955年《ねん》）

パート2 昭和《しょうわ》30年代《ねんだい》・復興《ふっこう》から発展《はってん》へ

アメリカとソ連《れん》の核開発競争《かくかいはつきょうそう》に深《ふか》い危機感《ききかん》をもつ世界《せかい》の科学者《かがくしゃ》たちは、原水爆禁止《げんすいばくきんし》をうったえ、世界《せかい》にむけて声明《せいめい》を発表《はっぴょう》しました。そのころ、日本《にほん》の国内《こくない》では、自民党《じみんとう》⇒P42と社会党《しゃかいとう》⇒P42の二《に》大政党《だいせいとう》による「55年体制《ねんたいせい》」がはじまりました。

そのとき世界では？

ラッセル＝アインシュタイン宣言《せんげん》

哲学者《てつがくしゃ》ラッセル*1と物理学者《ぶつりがくしゃ》アインシュタイン*2が中心《ちゅうしん》になり、1955年《ねん》に発表《はっぴょう》した声明《せいめい》を「ラッセル＝アインシュタイン宣言《せんげん》」とよびます。この声明《せいめい》は、水爆実験《すいばくじっけん》によって人類《じんるい》が滅亡《めつぼう》の危機《きき》に直面《ちょくめん》していることへ危機感《ききかん》を表明《ひょうめい》。核兵器《かくへいき》の廃絶《はいぜつ》、科学技術《かがくぎじゅつ》の平和利用《へいわりよう》などをうったえたものです。日本《にほん》の湯川秀樹《ゆかわひでき》⇒P43教授《きょうじゅ》ほか11人《にん》の学者《がくしゃ》がこの声明《せいめい》に署名《しょめい》しました。この宣言《せんげん》にもとづき1957年《ねん》、カナダで科学者《かがくしゃ》の国際会議《こくさいかいぎ》（パグウォッシュ会議《かいぎ》⇒P43）が開《ひら》かれました。

池上解説

水爆《すいばく》には原爆《げんばく》が必要《ひつよう》？

原爆《げんばく》は核分裂反応《かくぶんれつはんのう》、水爆《すいばく》は核融合反応《かくゆうごうはんのう》による。

つまり、原爆《げんばく》は石《いし》を割《わ》って砂粒《すなつぶ》に、水爆《すいばく》は砂粒《すなつぶ》をくっつけて石《いし》にするようなものなんだ。水爆《すいばく》の核融《かくゆう》合《ごう》にはとても高《たか》い熱《ねつ》が必要《ひつよう》だけど、その熱《ねつ》は原爆《げんばく》でしか得《え》られない。水爆《すいばく》には、原爆《げんばく》が必要《ひつよう》なんだよ。

▲1957年《ねん》のパグウォッシュ会議《かいぎ》に出席《しゅっせき》するラッセル。　写真：ユニフォトプレス

*1 ラッセル：1872～1970年《ねん》。イギリスの哲学者《てつがくしゃ》。核兵器禁止運動《かくへいききんしうんどう》を指導《しどう》した。　*2 アインシュタイン：1879～1955年《ねん》。ドイツうまれのユダヤ人物理学者《じんぶつりがくしゃ》。ラッセルとならび第二次世界大戦後《だいにじせかいたいせんご》、核兵器《かくへいき》に反対《はんたい》した。

そのとき日本では？

「55年《ねん》体制《たいせい》」とは？

「55年体制《ねんたいせい》」とは、1955年《ねん》から1993年《ねん》まで続《つづ》いた、自由民主党《じゆうみんしゅとう》（自民党《みんとう》）と日本社会党《にっぽんしゃかいとう》（社会党《しゃかいとう》）の対立構造《たいりつこうぞう》のことです。

1945年《ねん》に結成《けっせい》された社会党《しゃかいとう》は、サンフランシスコ講和条約《こうわじょうやく》の調印《ちょういん》をめぐって左右《さゆう》に分裂《ぶんれつ》しました。その後《ご》も対立《たいりつ》は続《つづ》いたものの、保守勢力《ほしゅせいりょく》に対抗《たいこう》するため、1955年《ねん》、ふたたび左右《さゆう》が合流《ごうりゅう》することになりました。一方《いっぽう》の保守勢力《ほしゅせいりょく》もこれに対抗《たいこう》し、自由党《じゆうとう》*1と日本民主党《にほんみんしゅとう》*2が統一《とういつ》。自民党《じみんとう》が誕生《たんじょう》しました。

このあと38年間《ねんかん》にわたり、第一党《だいいっとう》の自民党《じみんとう》と第二党《だいにとう》の社会党《しゃかいとう》による二大政党制《にだいせいとうせい》が続《つづ》いたのです。この55年体制《ねんたいせい》は、アメリカと関係《かんけい》を深《ふか》める自民党《じみんとう》が政権《せいけん》をとりつつ、日米安保条約《にちべいあんぽじょうやく》や自衛隊《じえいたい》に反対《はんたい》する社会党《しゃかいとう》が自民党《じみんとう》の行動《こうどう》に歯止《はど》めをかけるという、冷戦《れいせん》の日本国内版《にほんこくないばん》ともいえるものでした。

各党《かくとう》の衆議院議席数《しゅうぎいんぎせきすう》の変遷《へんせん》

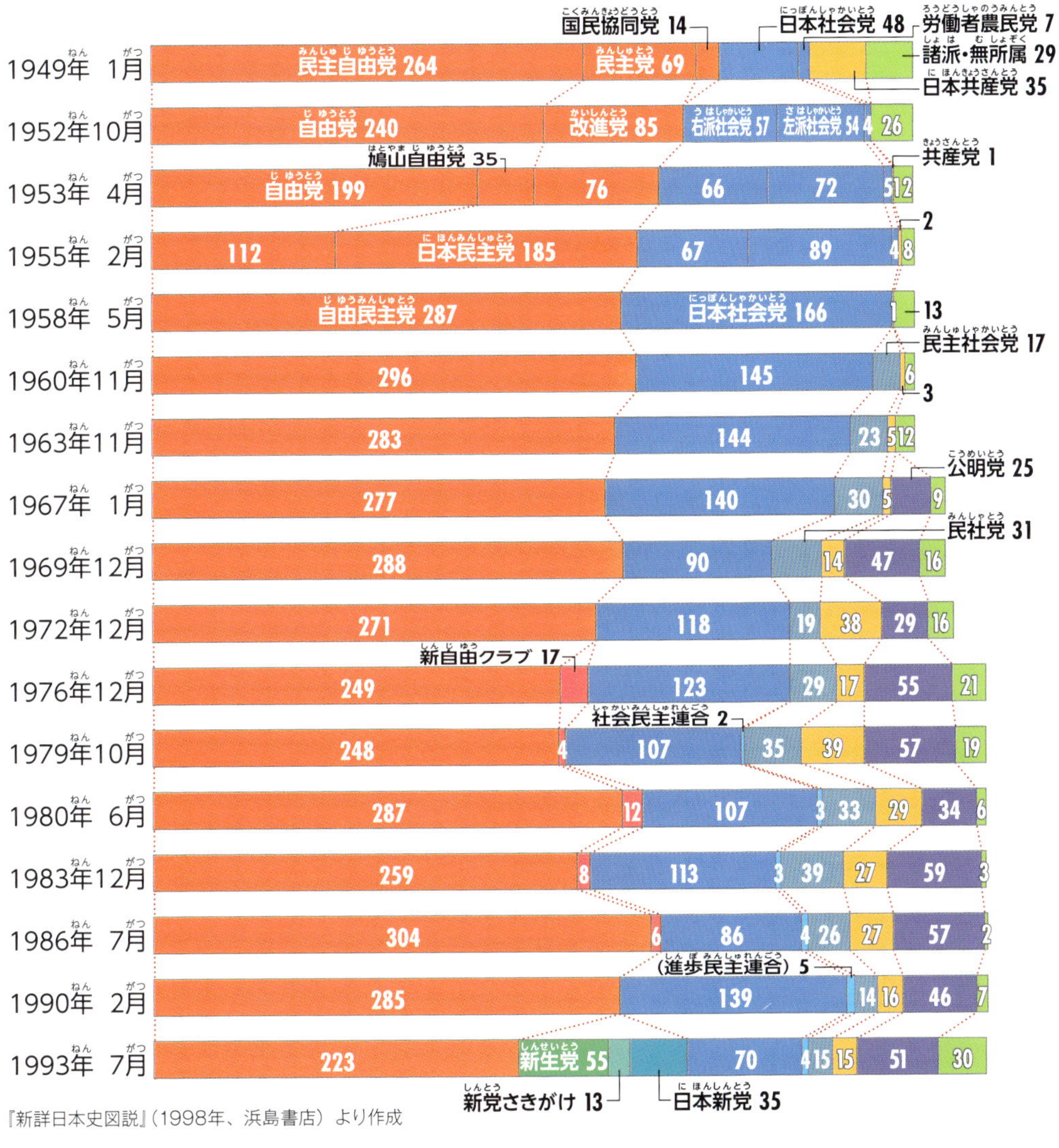

『新詳日本史図説』（1998年、浜島書店）より作成

＊1 自由党《じゆうとう》：1950年《ねん》から1955年《ねん》まで存在《そんざい》した政党《せいとう》。初期《しょき》は吉田茂《よしだしげる》が総裁《そうさい》をつとめ保守的《ほしゅてき》な政策《せいさく》をおこなった。
＊2 日本民主党《にほんみんしゅとう》：1954年《ねん》から1955年《ねん》まで存在《そんざい》した政党《せいとう》。鳩山一郎《はとやまいちろう》らが自由党《じゆうとう》を離党《りとう》して結成《けっせい》した。

そのとき世界では？

戦後《せんご》11年《ねん》、ようやく日本《にほん》が国連《こくれん》加盟《かめい》

1956年《ねん》12月《がつ》18日《にち》の第《だい》11回国連総会《かいこくれんそうかい》で、国連《こくれん》への日本《にほん》の加盟《かめい》が全会一致《ぜんかいいっち》で可決《かけつ》。戦後《せんご》の混乱《こんらん》から回復《かいふく》し、経済復興《けいざいふっこう》が見《み》こめるようになった日本《にほん》が加盟《かめい》を申請《しんせい》してから4年後《ねんご》のことでした。日本《にほん》はようやく国際社会《こくさいしゃかい》に復帰《ふっき》することが認《みと》められたのです。それまで日本《にほん》が国連《こくれん》に加盟《かめい》できなかったのは、ソ連《れん》が拒否権《きょひけん》を行使《こうし》したからでした。

◀日本《にほん》の国連加《こくれんか》盟《めい》を大《おお》きく報《ほう》じる当時《とうじ》の新聞《しんぶん》。

毎日新聞（1956年12月19日）

もっと知りたい！ 日《にっ》ソ共同宣言調印《きょうどうせんげんちょういん》

サンフランシスコ講和会議《こうわかいぎ》で日本《にほん》が単独講和《たんどくこうわ》をしたことから、それ以降《いこう》、日本《にほん》とソ連《れん》のあいだでの国交《こっこう》が開《ひら》かれず、正式《せいしき》な戦争終結《せんそうしゅうけつ》の条約《じょうやく》は結《むす》ばれませんでした。ところが、1956年《ねん》10月《がつ》になってようやく日《にっ》ソ共同宣言《きょうどうせんげん》＊1が調印《ちょういん》され、戦争状態《せんそうじょうたい》を終《お》わらせること、ソ連《れん》が日本《にほん》の国連加盟《こくれんかめい》を支持《しじ》すること、戦争《せんそう》にともなう賠償《ばいしょう》をもとめないことなどが決《き》まりました（北方領土《ほっぽうりょうど》⇒P43問題《もんだい》が未解決《みかいけつ》のため、平《へい》和条約《わじょうやく》は2014年現在《ねんげんざい》もかわされていない）。

▲日《にっ》ソ共同宣言《きょうどうせんげん》に調印《ちょういん》する日本《にほん》の鳩山一郎首相《はとやまいちろうしゅしょう》（写真中央《しゃしんちゅうおう》）とソ連《れん》のブルガーニン首相《しゅしょう》（写真右《しゃしんみぎ》）。

写真：AP/アフロ

＊1 日《にっ》ソ共同宣言《きょうどうせんげん》：1956年《ねん》に日本《にほん》とソ連《れん》のあいだで調印《ちょういん》された共同宣言《きょうどうせんげん》。この宣言《せんげん》により、ようやく両国《りょうこく》のあいだの戦争状態《せんそうじょうたい》が終《お》わり、国交《こっこう》が回復《かいふく》した。

そのとき日本では？

社会党《しゃかいとう》は統一《とういつ》したものの

分裂状態《ぶんれつじょうたい》にあった社会党《しゃかいとう》は、その後《ご》3回《かい》の衆議院選挙《しゅうぎいんせんきょ》では別《べつ》べつに戦《たたか》いました。それでも左右両方《さゆうりょうほう》ともに躍進《やくしん》。その結果《けっか》、統一《とういつ》の機運《きうん》が高《たか》まります。統一《とういつ》すればより大《おお》きな勢力《せいりょく》となり、政府《せいふ》の再軍備《さいぐんび》、憲法改正《けんぽうかいせい》を阻止《そし》できると、左右《さゆう》ともに考《かんが》えたからでした。1955年《ねん》10月《がつ》に統一大会《とういつたいかい》が開《ひら》かれ、左《さ》派《は》の鈴木茂三郎《すずきもさぶろう》*1が委員長《いいんちょう》に、右派《うは》の浅沼稲次郎《あさぬまいねじろう》*2が書記長《しょきちょう》に選《えら》ばれました。4年《ねん》ぶりの統一《とういつ》です。その後《ご》も左右《さゆう》の思想《しそう》上《じょう》の違《ちが》いは大《おお》きく、くりかえし対立《たいりつ》します。その結果《けっか》、1960年《ねん》には右派《うは》の一部《いちぶ》が民主社会党《みんしゅしゃかいとう》を結成《けっせい》します。

一方《いっぽう》、1955年《ねん》の総選挙《そうせんきょ》で保守《ほしゅ》の日本民主党《にほんみんしゅとう》は第一党《だいいっとう》になったものの、過半数《かはんすう》に足《た》りませんでした。そこで保守勢力《ほしゅせいりょく》合同《ごうどう》の流《なが》れがはじまります。社会党《しゃかいとう》の統一《とういつ》への危機感《ききかん》もそれをあとおししました。社会党統一《しゃかいとうとういつ》から1か月後《げつご》、保守勢力《ほしゅせいりょく》も1つとなり、鳩山一郎《はとやまいちろう》⇒P43総裁《そうさい》、岸信介《きしのぶすけ》⇒P41幹事長《かんじちょう》の自民《じみん》党《とう》が誕生《たんじょう》。これが自民党《じみんとう》と社会党《しゃかいとう》の二大政党《にだいせいとう》による「55年体《ねんたい》制《せい》」のはじまりでした。

▲自由党《じゆうとう》と民主党《みんしゅとう》の統合《とうごう》により自由民主党《じゆうみんしゅとう》が誕《たん》生《じょう》。結成大会《けっせいたいかい》が開《ひら》かれた。　写真：毎日新聞社

戦後《せんご》の政党《せいとう》の変遷《へんせん》（1955年《ねん》まで）

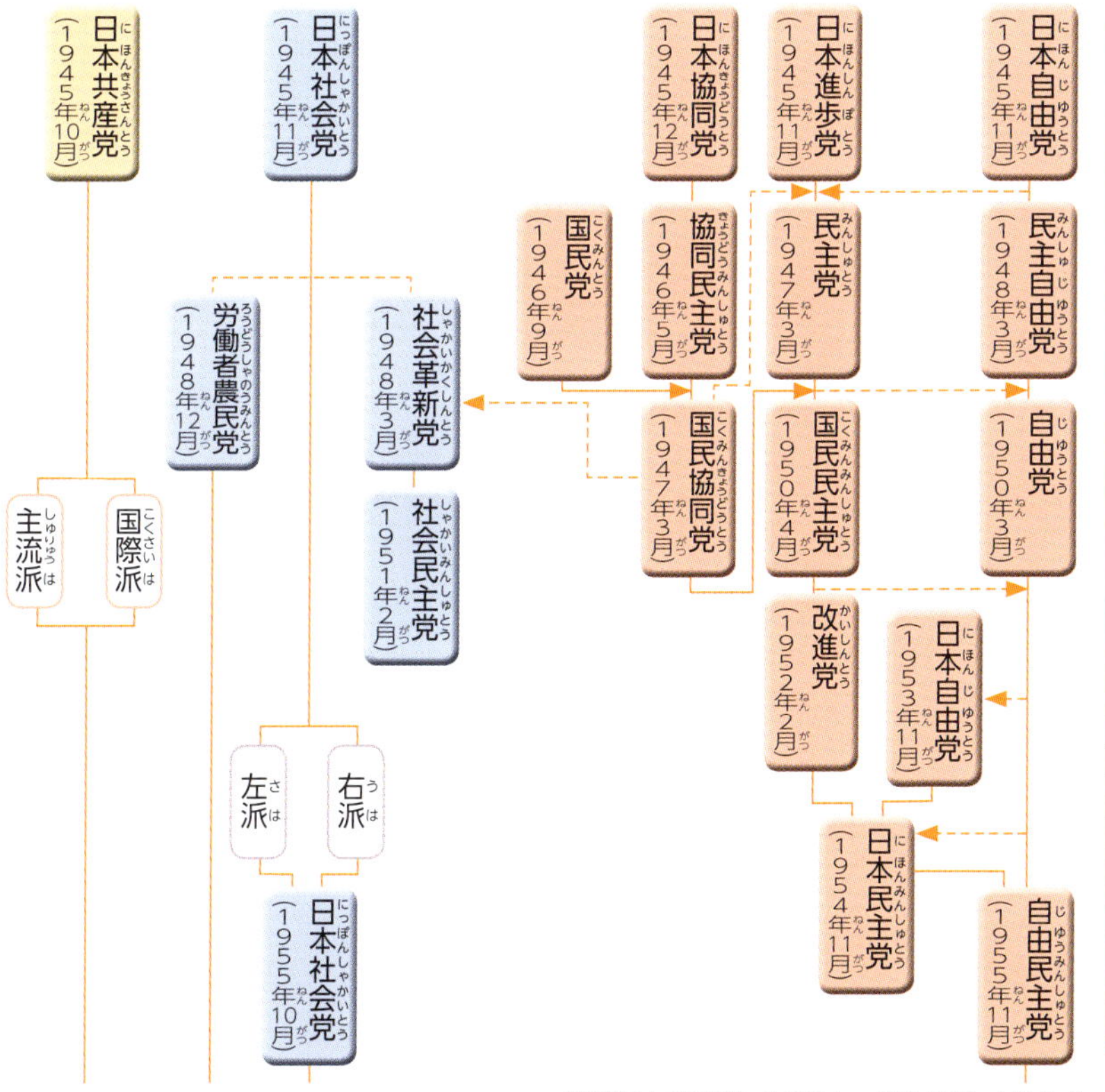

『新詳日本史図説』（1998年、浜島書店）より作成

*1 鈴木茂三郎《すずきもさぶろう》：1893～1970年《ねん》。愛知県出身《あいちけんしゅっしん》の政治家《せいじか》。新聞記者《しんぶんきしゃ》を経《へ》て、衆議院議員《しゅうぎいんぎいん》、社会党委員長《しゃかいとういいんちょう》などをつとめた。
*2 浅沼稲次郎《あさぬまいねじろう》：1898～1960年《ねん》。東京出身《とうきょうしゅっしん》の政治家《せいじか》。

そのとき世界では？

アジア・アフリカ会議《かいぎ》の意味《いみ》

第二次世界大戦《だいにじせかいたいせん》ののち、アジア、アフリカ地域《ちいき》では、多《おお》くの国《くに》が、それまでの植民地状態《しょくみんちじょうたい》からぬけだして独立《どくりつ》をはたしました。

1955年《ねん》4月《がつ》、それらの国《くに》ぐにがインドネシアのバンドンで開《ひら》いた会議《かいぎ》が、アジア・アフリカ会議《かいぎ》⇒P41です。非白人国家《ひはくじんこっか》によるはじめての国際会議《こくさいかいぎ》で、開催地《かいさいち》の名前《なまえ》から、バンドン会議《かいぎ》ともよばれます。参加国《さんかこく》は日本《にほん》もふくめて29か国《こく》。冷戦下《れいせんか》、東西両陣営《とうざいりょうじんえい》のいずれにも属《ぞく》さない第三《だいさん》の立場《たちば》をめざし、ここから「第三世界《だいさんせかい》*1」という名前《なまえ》がうまれました。

会議《かいぎ》では、平和共存《へいわきょうそん》、反植民地主義《はんしょくみんちしゅぎ》、国連憲章《こくれんけんしょう》の尊重《そんちょう》など、平和十原則《へいわじゅうげんそく》を採択《さいたく》。ところがその後《ご》、各国《かっこく》の指導者《しどうしゃ》どうしの意見《いけん》がまとまらず、結局《けっきょく》、2回目以降《かいめいこう》の会議《かいぎ》は開《ひら》かれていません。

もっと知りたい！　アジア・アフリカ会議《かいぎ》の参加国《さんかこく》

アジア・アフリカ会議《かいぎ》に参加《さんか》した29か国《こく》は、次《つぎ》の通《とお》り。アフガニスタン・イエメン・イラク・イラン・インド・インドネシア・エジプト・エチオピア・カンボジア・北《きた》ベトナム・ゴールドコースト(ガーナ)・サウジアラビア・シリア・スーダン・スリランカ・タイ・中国《ちゅうごく》・トルコ・日本《にほん》・ネパール・パキスタン・フィリピン・南《みなみ》ベトナム・ビルマ（ミャンマー）・ヨルダン・ラオス・リビア・リベリア・レバノン。

▲1955年《ねん》にインドネシアのスカルノ大統領《だいとうりょう》のよびかけで開催《かいさい》されたアジア・アフリカ会議《かいぎ》。　写真：AP/アフロ

*1 第三世界《だいさんせかい》：資本主義国《しほんしゅぎこく》、社会主義国《しゃかいしゅぎこく》に対《たい》し、アジア、アフリカ、ラテンアメリカなどの発展途上国《はってんとじょうこく》をさすいい方《かた》。

そのとき日本では？

「もはや戦後《せんご》ではない」

▼大阪市《おおさかし》の街角《まちかど》で遊《あそ》ぶ子《こ》どもたち。1956年《ねん》に撮影《さつえい》された写真《しゃしん》。　写真：読売新聞/アフロ

　1956年《ねん》、経済白書《けいざいはくしょ》＊1が「もはや戦後《せんご》ではない」として復興《ふっこう》の時代《じだい》の終了《しゅうりょう》を宣言《せんげん》した時期《じき》は、1954年《ねん》からの好景気《こうけいき》（神武景気《じんむけいき》⇒P42）に日本《にほん》がわいていたころでもありました。好景気《こうけいき》に支《ささ》えられて、国民《こくみん》の所得《しょとく》は増加《ぞうか》。国民《こくみん》のあいだに消費意欲《しょうひいよく》が高《たか》まっていきます。

　このころは、家庭電化時代《かていでんかじだい》のはじまりの時期《じき》でもありました。大量生産《たいりょうせいさん》によって家庭電化製品《かていでんかせいひん》（家電《かでん》）の値段《ねだん》がさがっていくのと同時《どうじ》に、家事《かじ》の省力化《しょうりょくか》や快適《かいてき》さがもとめられるようになっていきました。

　こうしたことを背景《はいけい》に、この時期《じき》から、家電《かでん》が一般家庭《いっぱんかてい》にも急速《きゅうそく》に普及《ふきゅう》。なかでも、白黒《しろくろ》テレビ、洗濯機《せんたくき》、冷蔵庫《れいぞうこ》は「三種《さんしゅ》の神器《じんぎ》＊2」とよばれて庶民《しょみん》のあこがれの的《まと》であり、豊《ゆた》かさの象徴《しょうちょう》でもありました。とくにテレビは、皇太子《こうたいし》の結婚《けっこん》パレードをさかいに爆発的《ばくはつてき》に売《う》れだしました。

＊1 経済白書《けいざいはくしょ》：内閣府《ないかくふ》（2000年《ねん》までは経済企画庁《けいざいきかくちょう》）が毎年発行《まいとしはっこう》している、経済《けいざい》の動《うご》きを分析《ぶんせき》した文章《ぶんしょう》。
＊2 三種《さんしゅ》の神器《じんぎ》：天皇《てんのう》の位《くらい》のしるしと伝《つた》えられる3つの宝物《ほうもつ》になぞらえ、人気《にんき》の3つの家電《かでん》がこうよばれた。

そのとき日本では？

特急《とっきゅう》「こだま」運転《うんてん》開始《かいし》、東京《とうきょう》タワー完成《かんせい》

1950年代《ねんだい》の後半《こうはん》になると、日本《にほん》経済《けいざい》が復興《ふっこう》から発展《はってん》へとむかい、国民《こくみん》の生活《せいかつ》も向上《こうじょう》してきました。

鉄道《てつどう》の分野《ぶんや》では、国鉄《こくてつ》*1が輸送力増《ゆそうりょくぞう》強《きょう》、近代化《きんだいか》を計画《けいかく》。東海道全線《とうかいどうぜんせん》の電化《でんか》ののち、特急《とっきゅう》「こだま」の運転《うんてん》を開始《かいし》しました。1958年《ねん》11月1日《がつついたち》のことです。

それまで東京《とうきょう》・大阪間《おおさかかん》は約《やく》8時間《じかん》かかっていました。それが特急《とっきゅう》こだまでは6時間《じかん》50分《ぷん》に短縮《たんしゅく》されたのです。東《とう》京《きょう》・大阪間《おおさかかん》を日帰《ひがえ》りで往復《おうふく》できるようになったことから、「ビジネス特急《とっきゅう》」とよばれ、人気《にんき》を集《あつ》めました。

12月《がつ》には、電波塔《でんぱとう》として東京《とうきょう》タワーが完成《かんせい》。テレビ時代《じだい》の幕開《まくあ》けを象徴《しょうちょう》するできごとでした。高《たか》さ333mの東《とう》京《きょう》タワーは、2012年《ねん》に東京《とうきょう》スカイツリーが開業《かいぎょう》するまで、電波塔《でんぱとう》としては日本一《にほんいち》の高《たか》さでした。

▲建設中《けんせつちゅう》の東京《とうきょう》タワー。1958年《ねん》2月《がつ》には下部《かぶ》ができあがり、組《く》み立《た》てが進《すす》められていった。 ©TOKYO TOWER

*1 国鉄《こくてつ》：日本国有鉄道《にほんこくゆうてつどう》。1949年《ねん》に設立《せつりつ》され、国《くに》の鉄道事業《てつどうじぎょう》を運営《うんえい》していたが、経営状態《けいえいじょうたい》の悪化《あっか》から1987年《ねん》に分割《ぶんかつ》・民営化《みんえいか》され、JR《ジェイアール》が発足《ほっそく》した。

▼東京《とうきょう》・銀座《ぎんざ》の数寄屋橋付近《すきやばしふきん》（1957年撮影《ねんさつえい》）。ビルが立《た》ちならび、町《まち》は急速《きゅうそく》に発展《はってん》していった。　写真：東京都提供

▼東京《とうきょう》・渋谷駅西口《しぶやえきにしぐち》（1958年撮影《ねんさつえい》）。洋服《ようふく》、和服《わふく》それぞれの人《ひと》が行《い》きかうようすがうかがえる。

写真：共同通信社/ユニフォトプレス

▲完成《かんせい》した東京《とうきょう》タワー（1959年撮影《ねんさつえい》）。

写真：東京都提供

◀1958年《ねん》、特急《とっきゅう》こだまの運転《うんてん》が開始《かいし》された。

写真：毎日新聞社

▼「こだま」試運転時《しうんてんじ》の車内《しゃない》。

写真：共同通信社/ユニフォトプレス

もっと知りたい！

マンガ人気《にんき》、貸本《かしほん》時代《じだい》

人気《にんき》マンガ『サザエさん』の作者《さくしゃ》・長谷川町子《はせがわまちこ》は1920年《ねん》に佐賀県《さがけん》でうまれ、福岡県《ふくおかけん》で育《そだ》った。

戦争中《せんそうちゅう》は戦争一色《せんそういっしょく》に染《そ》められていたマンガは、戦後《せんご》いち早《はや》く、子《こ》どもの楽《たの》しみとして復活《ふっかつ》しました。

1945年《ねん》8月《がつ》には早《はや》くもマンガ雑誌《ざっし》が復刊《ふっかん》。翌年《よくねん》には「子供《こども》マンガ新聞《しんぶん》」が創刊《そうかん》され、娯楽《ごらく》に飢《う》えていた子《こ》どもたちを夢中《むちゅう》にさせました。その後《ご》も少年《しょうねん》マンガ誌《し》の創刊《そうかん》が続《つづ》きます。1946年《ねん》には、夕刊《ゆうかん》フクニチ*1で長谷《はせ》川町子《がわまちこ》の『サザエさん』の連載《れんさい》がはじまり、翌年《よくねん》に手塚治虫《てづかおさむ》の『新宝島《しんたからじま》』が出版《しゅっぱん》されます。

「赤本《あかほん》」とよばれるマンガも人気《にんき》がありました。これは表紙《ひょうし》に赤系統《あかけいとう》の色《いろ》をつかったマンガ本《ぼん》で、正規《せいき》の流通《りゅうつう》ルートを通《とお》さずに、駄《だ》菓子屋《がしや》や夜店《よみせ》で売《う》られていました。

1950年代半《ねんだいなか》ばになると、貸本《かしほん》マンガ*2がさかんになってきます。

当時《とうじ》、マンガ本《ぼん》は1冊《さつ》100円《えん》くらいで、子《こ》どもには手《て》の届《とど》きにくい値段《ねだん》でした。そこに、貸本専用《かしほんせんよう》のマンガ本《ぼん》が出版《しゅっぱん》され、これは1冊《さつ》10円前後《えんぜんご》で借《か》りられるとあって、爆発的《ばくはつてき》に貸本人気《かしほんにんき》が広《ひろ》がりました。

1956年《ねん》には、貸本《かしほん》マンガ誌《し》『影《かげ》』が、

*1 夕刊《ゆうかん》フクニチ：福岡県《ふくおかけん》で発行《はっこう》されていた新聞《しんぶん》。『サザエさん』は夕刊《ゆうかん》フクニチで連載《れんさい》がはじまり、その後朝日新聞《ごあさひしんぶん》で連載《れんさい》された。 *2 貸本《かしほん》マンガ：料金《りょうきん》をとって貸《か》しだされる「貸本《かしほん》」専用《せんよう》につくられたマンガ本《ぼん》。

料金受取人払郵便

山科局承認

128

差出有効期間
平成28年1月
20日まで

郵便はがき

6 0 7 - 8 7 9 0

(受　取　人)

京都市山科区
日ノ岡堤谷町1番地

ミネルヴァ書房
読者アンケート係 行

◆ 以下のアンケートにお答え下さい。

お求めの
書店名＿＿＿＿＿＿＿＿市区町村＿＿＿＿＿＿＿＿＿＿＿＿＿＿書店

＊ この本をどのようにしてお知りになりましたか？ 以下の中から選び、3つまで○をお付け下さい。

A.広告（　　　　）を見て　B.店頭で見て　C.知人・友人の薦め
D.著者ファン　E.図書館で借りて　F.教科書として
G.ミネルヴァ書房図書目録　H.ミネルヴァ通信
I.書評（　　　　）をみて　J.講演会など　K.テレビ・ラジオ
L.出版ダイジェスト　M.これから出る本　N.他の本を読んで
O.DM　P.ホームページ（　　　　　　　　）をみて
Q.書店の案内で　R.その他（　　　　　　　　）

書 名 お買上の本のタイトルをご記入下さい。

◆上記の本に関するご感想、またはご意見・ご希望などをお書き下さい。
文章を採用させていただいた方には図書カードを贈呈いたします。

◆よく読む分野（ご専門）について、3つまで○をお付け下さい。

1. 哲学・思想　2. 世界史　3. 日本史　4. 政治・法律
5. 経済　6. 経営　7. 心理　8. 教育　9. 保育　10. 社会福祉
11. 社会　12. 自然科学　13. 文学・言語　14. 評論・評伝
15. 児童書　16. 資格・実用　17. その他（　　　　）

〒
ご住所
Tel　（　　）

お名前《ふりがな》　年齢　歳　性別　男・女

ご職業・学校名
（所属・専門）

Eメール

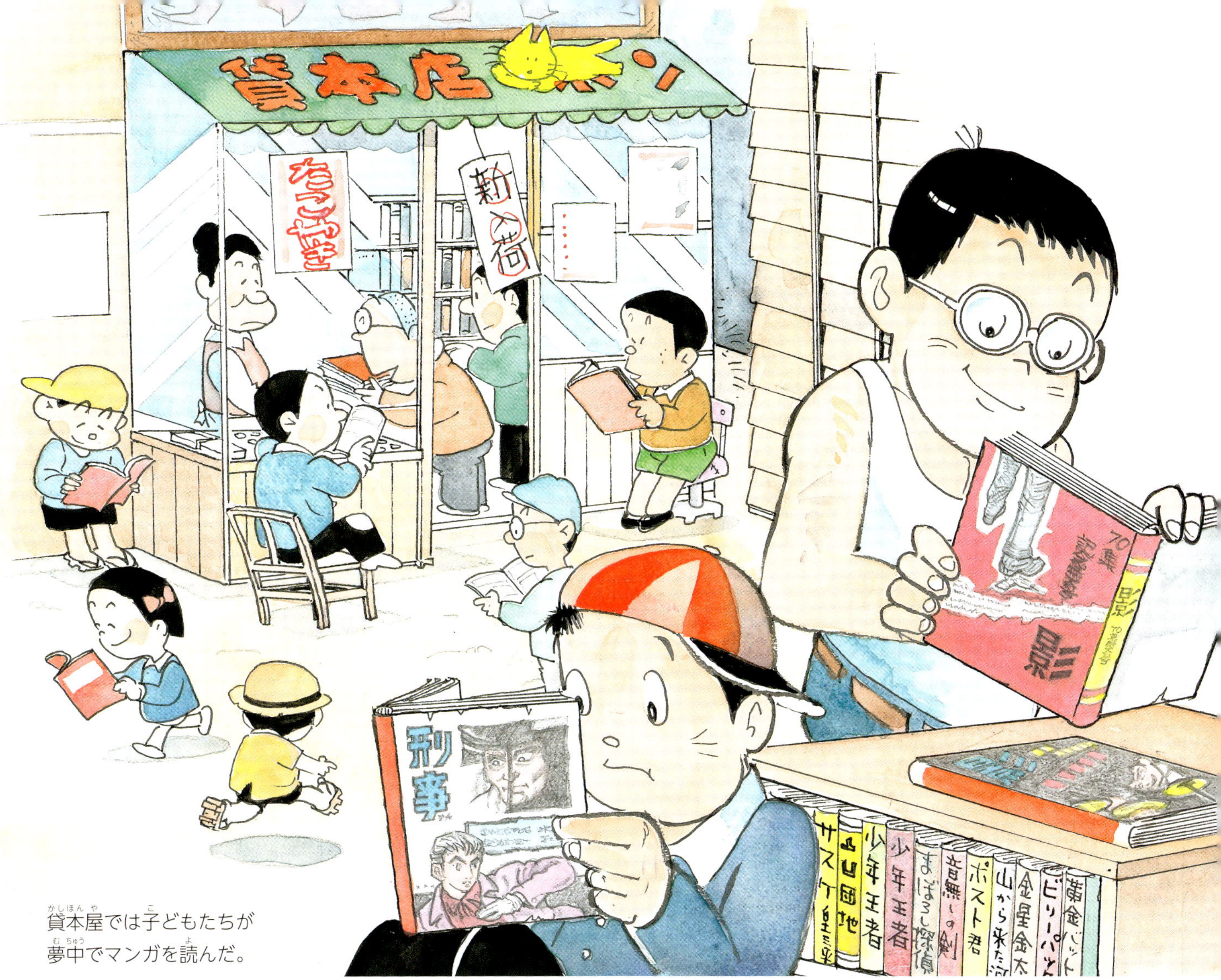

貸本屋《かしほんや》では子《こ》どもたちが夢中《むちゅう》でマンガを読《よ》んだ。

翌年《よくねん》には『街《まち》』がいずれも大阪《おおさか》で創刊《そうかん》。その後《ご》、全国《ぜんこく》で次《つぎ》つぎに貸本《かしほん》マンガ誌《し》が創刊《そうかん》されました。『影《かげ》』に発表《はっぴょう》された作品《さくひん》のなかから、「劇画《げきが》」という言葉《ことば》もうまれたとされます。最盛期《さいせいき》には貸本屋《かしほんや》は全国《ぜんこく》に3万軒《まんけん》あったといわれています。

これらの貸本《かしほん》マンガで登場《とうじょう》したマンガ家《か》のなかには、今日《こんにち》も活躍《かつやく》している人《ひと》もいます。

▶自転車《じてんしゃ》に本《ほん》を積み、移動《いどう》する貸本屋《かしほんや》もあらわれた。1952年《ねん》、東京都荒川区《とうきょうとあらかわく》で撮影《さつえい》された写真《しゃしん》。

写真：毎日新聞社

パート3 日本《にほん》経済《けいざい》の発展《はってん》

1960年代《ねんだい》に入《はい》ると、アメリカとソ連《れん》が競《きそ》ってミサイルや人工衛星《じんこうえいせい》を開発《かいはつ》。世界各地《せかいかくち》で、アメリカとソ連《れん》の「代理戦争《だいりせんそう》」が起《お》こりました。アフリカでは多《おお》くの国《くに》が植民地《しょくみんち》からの独立《どくりつ》をはたします。日本《にほん》では「所得倍増計画《しょとくばいぞうけいかく》」がはじまり、急速《きゅうそく》な高度経済成長《こうどけいざいせいちょう》⇒P41の時代《じだい》をむかえます。

そのとき世界では？

アフリカの年《とし》

1960年《ねん》にアフリカの17か国《こく》が独立《どくりつ》したことから、この年《とし》を「アフリカの年《とし》」とよびます。独立《どくりつ》したのは、カメルーン、トーゴ、マダガスカル、コンゴ民主《みんしゅ》共和国《きょうわこく》、ソマリア、ダホメ（現在《げんざい》のベナン）、ニジェール、オートボルタ（現在《げんざい》のブルキナファソ）、コートジボワール、チャド、中央《ちゅうおう》アフリカ、コンゴ共和国《きょうわこく》、ガボン、セネガル、マリ、ナイジェリア、モーリタニアでした。

これらの国《くに》ぐには1963年《ねん》、アフリカ統一機構《とういつきこう》（OAU《オーエイユー》）*1を創設《そうせつ》しました。しかし、旧植民地時代《きゅうしょくみんちじだい》に定《さだ》められた国境《こっきょう》がそのまま残《のこ》ったために、その後《ご》、となりあう国《くに》ぐにでの民族《みんぞく》・宗教紛争《しゅうきょうふんそう》があとを絶《た》ちません。

アフリカの独立《どくりつ》

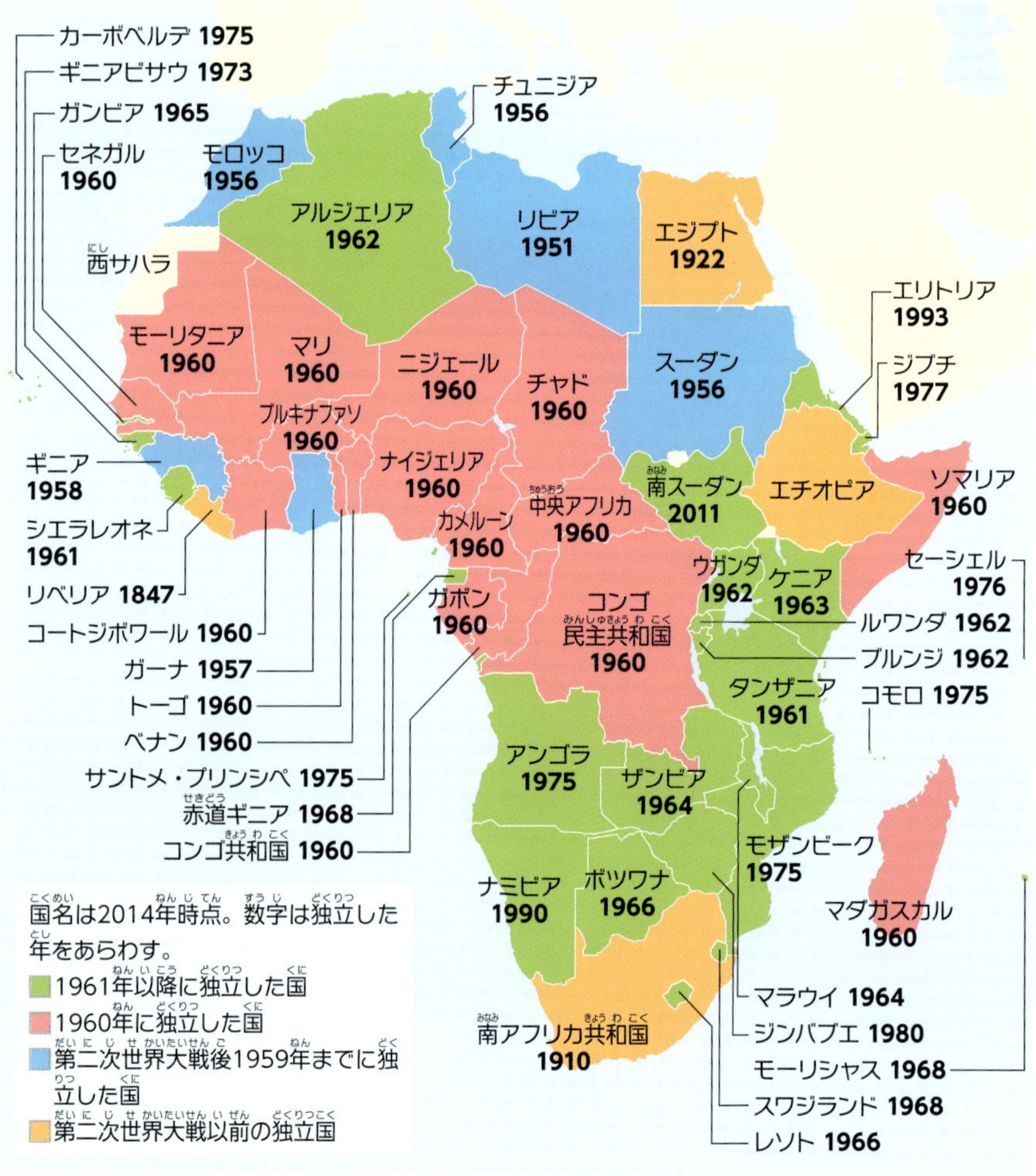

＊1 アフリカ統一機構《とういつきこう》（OAU《オーエイユー》）：アフリカ諸国《しょこく》が政治《せいじ》、経済《けいざい》、外交《がいこう》などの分野《ぶんや》でたがいに協力《きょうりょく》するため、1963年《ねん》につくられた国際組織《こくさいそしき》。アフリカの多《おお》くの国《くに》が参加《さんか》し、2002年《ねん》にアフリカ連合《れんごう》（AU《エイユー》）に発展《はってん》した。

そのとき日本では？

日米安保条約《にちべいあんぽじょうやく》の改定《かいてい》

1957年《ねん》に総理大臣《そうりだいじん》になった岸信介《きしのぶすけ》は、日米安保条約《にちべいあんぽじょうやく》の改定《かいてい》に取《と》りくみます。日本《にほん》が完全《かんぜん》に独立《どくりつ》した国家《こっか》になるには、アメリカと対等《たいとう》な内容《ないよう》に改定《かいてい》すべきだと考《かんが》えたからです。1960年《ねん》1月《がつ》、岸《きし》は新《あたら》しい日米安保条約《にちべいあんぽじょうやく》に調印《ちょういん》しました。正式名《せいしきめい》は、「日本国《にほんこく》とアメリカ合衆国《がっしゅうこく》との間《あいだ》の相互協力及《そうごきょうりょくおよ》び安全保障条約《あんぜんほしょうじょうやく》」。同時《どうじ》に「日米地位協定《にちべいちいきょうてい》⇒P43」も結《むす》ばれました。

・日本《にほん》が侵略《しんりゃく》された場合《ばあい》、アメリカ軍《ぐん》が支援《しえん》する。
・日本《にほん》と日本国内《にほんこくない》にあるアメリカ軍《ぐん》の基地《きち》への武力攻撃《ぶりょくこうげき》に対《たい》しては、日米両国《にちべいりょうこく》で対処《たいしょ》する。
・アメリカ軍《ぐん》は、「極東《きょくとう》」における平和《へいわ》と安全《あんぜん》のために、日《に》本《ほん》の基地《きち》をつかうことができる。
・アメリカ軍《ぐん》の配置《はいち》に関《かん》し、「事前協議《じぜんきょうぎ》」を約束《やくそく》。

これらが、新《あたら》しい条約《じょうやく》のおもな内容《ないよう》です。日米安保条約《にちべいあんぽじょうやく》を批准《ひじゅん》（署名《しょめい》した条約《じょうやく》を国内《こくない》で確認《かくにん》）するには、国会《こっかい》での審議《しんぎ》、可決《かけつ》が必要《ひつよう》でしたが、急《いそ》いでいた自民党《じみんとう》は5月《がつ》20日未明《はつかみめい》、国会《こっかい》に警官隊《けいかんたい》を導入《どうにゅう》して、衆議院《しゅうぎいん》で強行採決《きょうこうさいけつ》にふみきりました。

政府《せいふ》がこうした行動《こうどう》をとったのは、アメリカのアイゼンハワー[*1]大統領《だいとうりょう》が来日《らいにち》する予定《よてい》だった6月《がつ》19日《にち》までに条約《じょうやく》を成立《せいりつ》させておきたかったからです。憲法《けんぽう》の規定《きてい》では、衆議院《しゅうぎいん》で採決後《さいけつご》、参議院《さんぎいん》で採決《さいけつ》されなくても、30日後《にちご》にはそのまま承認《しょうにん》されることになります。6月《がつ》19日《にち》から逆算《ぎゃくさん》して、この日《ひ》が条約《じょうやく》を成立《せいりつ》させるぎりぎりの刻限《こくげん》だったのです。

新《あたら》しい日米安保条約《にちべいあんぽじょうやく》では、日本《にほん》が戦争《せんそう》にまきこまれる恐《おそ》れがあるのではないか。社会党《しゃかいとう》、日本共産党《にほんきょうさんとう》、労働組合《ろうどうくみあい》⇒P43の人《ひと》たちや学者《がくしゃ》などはそう考《かんが》えて、前年《ぜんねん》から改定反対《かいていはんたい》をうったえていました。

強行採決《きょうこうさいけつ》をきっかけに、国民《こくみん》の多《おお》くが反対運動《はんたいうんどう》に立《た》ちあがりました。政治家《せいじか》が国民《こくみん》の意見《いけん》を無視《むし》して重要《じゅうよう》なことがらを決《き》めるのではないかという、「民主主義《みんしゅしゅぎ》の危機《きき》」を感《かん》じたからです。国会《こっかい》の周辺《しゅうへん》では連日《れんじつ》、デモ行進《こうしん》がくりかえされました。6月《がつ》15日《にち》には、国会《こっかい》に突入《とつにゅう》しようとした全学連《ぜんがくれん》[*2]と警官《けいかん》隊《たい》が衝突《しょうとつ》。多数《たすう》の負傷者《ふしょうしゃ》が出《で》て、東大生《とうだいせい》の樺美智子《かんばみちこ》さんが死《し》亡《ぼう》するという悲劇《ひげき》が起《お》こりました。

6月《がつ》18日《にち》には、30万人《まんにん》以上《いじょう》が国会《こっかい》をとりまいて「岸内閣《きしないかく》打倒《だとう》、日米安保条約《にちべいあんぽじょうやく》不承認《ふしょうにん》」をうったえましたが、翌《よく》19日午《にちご》前《ぜん》0時《じ》、日米安保条《にちべいあんぽじょう》約《やく》は自然承認《しぜんしょうにん》となりました。

▲日米安保条約反対《にちべいあんぽじょうやくはんたい》をうったえ国会前《こっかいまえ》に集《あつ》まった人《ひと》びと。　写真：AP/アフロ

＊1 アイゼンハワー：1890～1969年《ねん》。アメリカの軍人《ぐんじん》、政治家《せいじか》、第《だい》34代大統領《だいだいとうりょう》。
＊2 全学連《ぜんがくれん》：全日本学生自治会総連合《ぜんにほんがくせいじちかいそうれんごう》。1948年《ねん》に設立《せつりつ》された、大学《だいがく》の学生自治会《がくせいじちかい》の連合組織《れんごうそしき》。

そのとき日本では？

所《しょ》得《とく》倍《ばい》増《ぞう》計《けい》画《かく》

1960年《ねん》6月《がつ》23日《にち》、日米安保条約《にちべいあんぽじょうやく》をめぐる混乱《こんらん》の責任《せきにん》をとって岸信介首相《きしのぶすけしゅしょう》は辞意《じい》を表明《ひょうめい》。新《あたら》しく総《そう》理《り》になった池田勇人《いけだはやと》*1は、「所得倍増計画《しょとくばいぞうけいかく》」を発表《はっぴょう》し、国民《こくみん》の所得《しょとく》を10年間《ねんかん》で2倍《ばい》にするという政策《せいさく》を打《う》ちだしました。時代《じだい》は「政治《せいじ》の季節《きせつ》」から「経済《けいざい》の季《き》節《せつ》」に移《うつ》っていくのです。

計画《けいかく》では次《つぎ》のような筋書《すじが》きが考《かんが》えられました。まず、道路《どうろ》、下水《げすい》などの公共施設《こうきょうしせつ》に多額《たがく》の資金《しきん》をそそぎこんで、経済発展《けいざいはってん》の基盤《きばん》を整備《せいび》。国民《こくみん》には銀行預《ぎんこうよ》金《きん》をよびかけて、預金《よきん》を増《ふ》やす。そのお金《かね》を企業《きぎょう》に貸《か》しだし、それをもとに企業《きぎょう》は生産《せいさん》を拡大《かくだい》する。企《き》業《ぎょう》の業績《ぎょうせき》があがることで、労働者《ろうどうしゃ》は収入《しゅうにゅう》が増《ふ》え、ものを買《か》う余裕《よゆう》ができる。それが製品《せいひん》の売《う》りあげ増《ぞう》につながる。

このように経済活動《けいざいかつどう》が循環《じゅんかん》していくことで、10年《ねん》間《かん》で国民《こくみん》の所得《しょとく》を倍増《ばいぞう》させるという計画《けいかく》でした。「所得《しょとく》を倍増《ばいぞう》します。わたしはうそは申《もう》しません」池田首相《いけだしゅしょう》のこの言葉《ことば》は、当時《とうじ》の流行語《りゅうこうご》になりました。所得倍増計画《しょとくばいぞうけいかく》によって、このあと1973年《ねん》まで、日本経済《にほんけいざい》は高度経済成長《こうどけいざいせいちょう》とよばれる長期《ちょうき》の発展《はってん》を続《つづ》けます。

▲首都高速道路《しゅとこうそくどうろ》の工事《こうじ》が進《すす》む東京《とうきょう》・日本橋《にほんばし》。所得倍増計画《しょとくばいぞうけいかく》が発表《はっぴょう》された2年後《ねんご》の1962年《ねん》に撮影《さつえい》された写真《しゃしん》。

写真：東京都提供

*1 池田勇人《いけだはやと》：1899～1965年《ねん》。広島県出身《ひろしまけんしゅっしん》の政治家《せいじか》。第《だい》58、59、60代内閣総理大臣《だいないかくそうりだいじん》をつとめる。日本《にほん》の高度経済《こうどけいざい》成長《せいちょう》に大《おお》きな役割《やくわり》をはたしたとされる。

そのとき日本では？

戦後最大《せんごさいだい》の労働争議《ろうどうそうぎ》

日本《にほん》のエネルギー政策《せいさく》が大《おお》きくかわっていく時期《じき》に、戦後《せんご》最大《さいだい》の労働争議《ろうどうそうぎ》となった「三池争議《みいけそうぎ》」が起《お》こりました。

戦後《せんご》の日本経済《にほんけいざい》は朝鮮戦争《ちょうせんせんそう》をさかいに、それまでの復興《ふっこう》から発展《はってん》へとむかいはじめました。その原動力《げんどうりょく》となったエネルギー源《げん》が石炭《せきたん》でした。ところが、1950年代半《ねんだいなか》ばから値段《ねだん》の安《やす》い石油《せきゆ》がつかわれるようになり、石炭産業《せきたんさんぎょう》は落《お》ちこんでいくのです。三井鉱山《みついこうざん》は石炭業界《せきたんぎょうかい》では日本有数《にほんゆうすう》の会社《かいしゃ》でしたが、苦《くる》しい経営状態《けいえいじょうたい》におちいり、大規模《だいきぼ》な「合理化《ごうりか》」、つまり人員削減《じんいんさくげん》によって生《い》きのこりをめざそうとしました。

1959年《ねん》8月《がつ》、三井鉱山《みついこうざん》は、6つある鉱山《こうざん》のうち福岡県《ふくおかけん》大牟田市《おおむたし》にある三池鉱業所《みいけこうぎょうしょ》の労働組合《ろうどうくみあい》に人員削減《じんいんさくげん》を提案《ていあん》しました。三井鉱山全体《みついこうざんぜんたい》で4580人《にん》、三池《みいけ》で2210人《にん》を削減《さくげん》するという内容《ないよう》でした。人員削減《じんいんさくげん》は、人件費《じんけんひ》をおさえると同《どう》時《じ》に、力《ちから》の強《つよ》い労働組合《ろうどうくみあい》の活動家《かつどうか》を排除《はいじょ》するねらいもありました。組合《くみあい》はこれに反対《はんたい》し、中央労働委員会《ちゅうおうろうどういいんかい》⇒P42でのあっせん（調整《ちょうせい》）もみのらず、労使《ろうし》の交渉《こうしょう》は難航《なんこう》します。

産業界《さんぎょうかい》から全面支援《ぜんめんしえん》を受《う》けて、会社《かいしゃ》は組合《くみあい》に指名解雇《しめいかいこ》を通《つう》知《ち》。一方《いっぽう》、組合《くみあい》は「労働者《ろうどうしゃ》が職場《しょくば》の主人公《しゅじんこう》」というスローガンをかかげてしりぞかず、対立《たいりつ》はさらに深《ふか》まっていきます。

1960年《ねん》1月《がつ》、会社《かいしゃ》がロックアウト*1に出《で》るや、組合《くみあい》が無期限《むきげん》ストライキ*2に突入《とつにゅう》。ここから、282日《にち》にわたる闘《とう》争《そう》がはじまりました。このときは「去《さ》るも地獄《じごく》、残《のこ》るも地《じ》獄《ごく》」といわれました。闘争《とうそう》に負《ま》ければ、会社《かいしゃ》をやめても会社《かいしゃ》に残《のこ》っても地獄《じごく》の状態《じょうたい》だということです。闘争《とうそう》の過程《かてい》では、組合《くみあい》が分裂《ぶんれつ》して、会社側《かいしゃがわ》に立《た》つ第二組合《だいにくみあい》（新労《しんろう》）がつくられ、両方《りょうほう》の組合《くみあい》の衝突《しょうとつ》なども起《お》こります。

そのさなか、組合員《くみあいいん》の1人《ひとり》が暴力団《ぼうりょくだん》に刺殺《しさつ》されるという事《じ》件《けん》が起《お》こりました。これをきっかけに闘争《とうそう》は全国《ぜんこく》に広《ひろ》がり、総評《そうひょう》（日本労働組合総評議会《にほんろうどうくみあいそうひょうぎかい》）や全学連《ぜんがくれん》も応援《おうえん》にやってきました。その後《ご》、戦《たたか》いはホッパー（石炭《せきたん》を積《つ》みだすための施《し》設《せつ》）をめぐる攻防《こうぼう》に移《うつ》っていきます。炭坑《たんこう》で掘《ほ》りだされた石《せき》炭《たん》はホッパーに集《あつ》められ、出荷《しゅっか》されたため、組合《くみあい》はホッパーを占領《せんりょう》し、会社《かいしゃ》に打撃《だげき》をあたえようとしたのです。

ここでの組合《くみあい》と警察《けいさつ》の衝突直前《しょうとつちょくぜん》に、中央労働委員会《ちゅうおうろうどういいんかい》のあっせんを双方《そうほう》が受《う》けいれました。その結果《けっか》、会社《かいしゃ》は指名解雇《しめいかいこ》を撤回《てっかい》しましたが、解雇該当者《かいこがいとうしゃ》は自発的《じはってき》に退職《たいしょく》することとなりました。こうして三池争議《みいけそうぎ》は事実上《じじつじょう》、組合側《くみあいがわ》の敗北《はいぼく》に終《お》わったのです。その後《ご》1997年《ねん》には、三池鉱山《みいけこうざん》そのものが閉山《へいざん》となる運命《うんめい》をたどりました。

▲組合《くみあい》がストライキを続《つづ》けるなか、第二組合《だいにくみあい》が結成《けっせい》され衝突《しょうとつ》が起《お》こった。 写真：毎日新聞社

＊1 ロックアウト：会社《かいしゃ》が労働組合《ろうどうくみあい》に対抗《たいこう》し、会社《かいしゃ》への立《た》ち入《い》りを禁止《きんし》すること。 ＊2 ストライキ：会社《かいしゃ》の社員《しゃいん》が、はたらかないで会社《かいしゃ》に損害《そんがい》をあたえることで、自分《じぶん》たちの主張《しゅちょう》を実現《じつげん》させようという方法《ほうほう》。

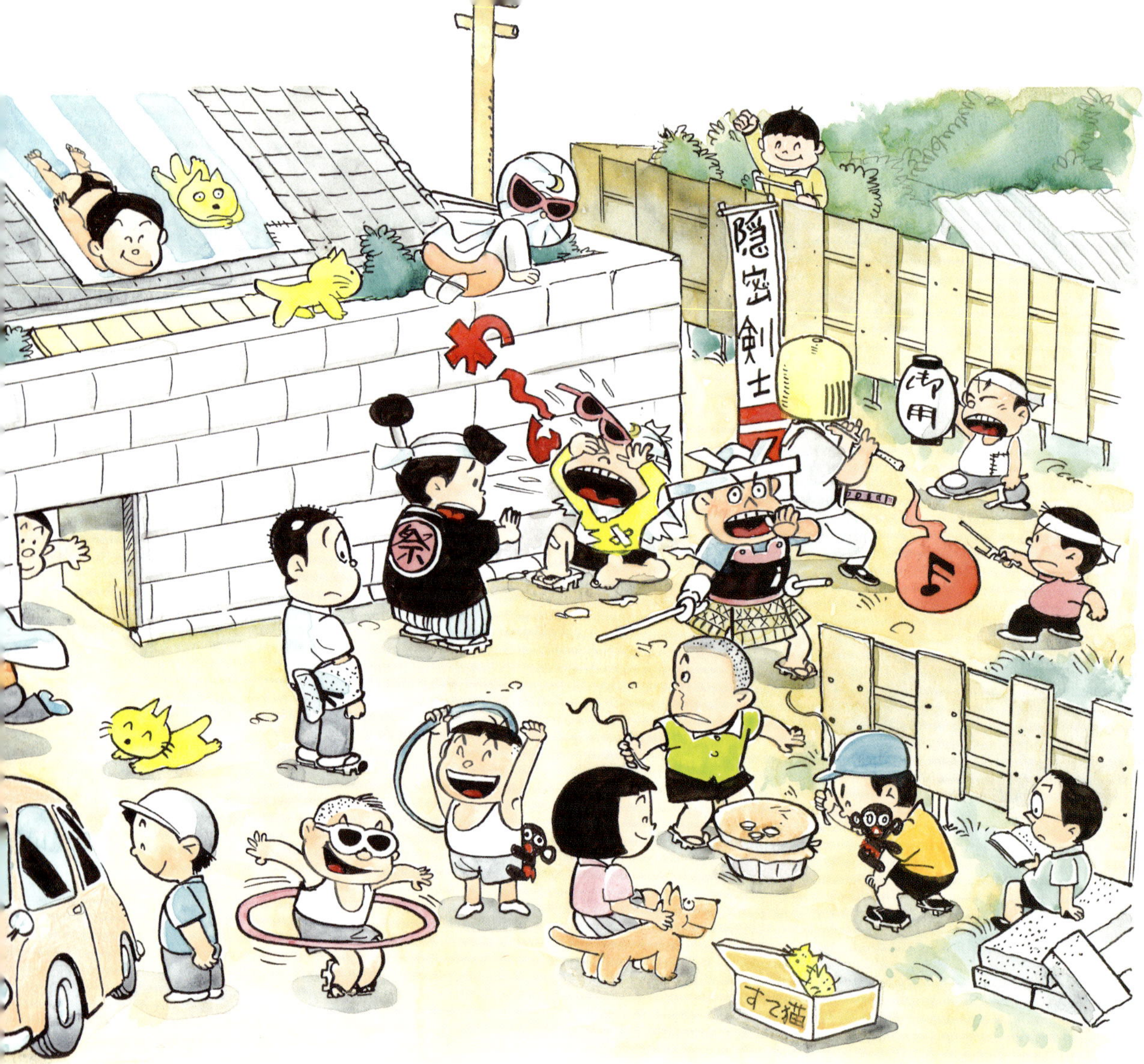

もっと知りたい！

ヒーローの登場《とうじょう》！

1958年《ねん》、テレビドラマの世界《せかい》にさっそうと登場《とうじょう》した正義《せいぎ》の味方《みかた》「月光仮面《げっこうかめん》」。拳銃《けんじゅう》を手《て》に、サングラス、白《しろ》いマントに白《しろ》いふくめんを身《み》につけた月光仮面《げっこうかめん》が、世界征服《せかいせいふく》をたくらむ「どくろ仮面《かめん》」と戦《たたか》うというものでした。これが日本《にほん》のテレビドラマに登場《とうじょう》したはじめてのヒーローでした。

『月光仮面《げっこうかめん》』の放送《ほうそう》が終《お》わった1959年《ねん》には、『少年《しょうねん》ジェット』の放送《ほうそう》がはじまりました。少年《しょうねん》ジェットは、「ウーヤーター」と大声《おおごえ》でさけんで地響《じひび》きを起《お》こす「ミラクルボイス」という技《わざ》をつかって敵《てき》を倒《たお》します。この年《とし》には、実写版《じっしゃばん》『鉄腕《てつわん》アトム』*1、『まぼろし探偵《たんてい》』*2などのヒーローが、テレビ画面《がめん》に次《つぎ》つぎと登場《とうじょう》しました。

1960年《ねん》には、連続《れんぞく》ドラマとしてはじめてのカラー放送《ほうそう》で『快傑《かいけつ》ハリマオ』*3がはじまります。これは、はじめて海外《かいがい》ロケをおこなったテレビ番組《ばんぐみ》でもありました。1966年《ねん》には『ウルトラマン』の放送《ほうそう》がはじまり、現在《げんざい》も多《おお》くのファンをもつ大《だい》ヒット作《さく》となりました。

*1『鉄腕《てつわん》アトム』：手塚治虫原作《てづかおさむげんさく》。1963年《ねん》にはテレビアニメになり大《だい》ヒット。　*2『まぼろし探偵《たんてい》』：桑田次郎原作《くわたじろうげんさく》。少年探偵《しょうねんたんてい》が数《かず》かずの難事件《なんじけん》を解決《かいけつ》する。　*3『快傑《かいけつ》ハリマオ』：山田克郎原作《やまだかつろうげんさく》。カンボジアでロケがおこなわれた。

▶月光仮面《げっこうかめん》などのヒーローのまねをして遊《あそ》ぶ子《こ》どもたち。フラフープやベーゴマ、ダッコちゃん人形《にんぎょう》なども人気《にんき》があった。

▲▶福井英一《ふくいえいいち》、武内《たけうち》つなよしのマンガ『赤胴鈴之助《あかどうすずのすけ》』の主人公《しゅじんこう》、赤胴鈴之助《あかどうすずのすけ》は子《こ》どもたちのヒーローだった。右《みぎ》は月光仮面《げっこうかめん》に変装《へんそう》した子《こ》ども。

こうしたテレビ番組《ばんぐみ》に登場《とうじょう》するヒーローたちは、正義《せいぎ》の心《こころ》を強力《きょうりょく》な武器《ぶき》に、悪者《わるもの》にゆうかんに立《た》ちむかっていきました。子《こ》どもたちはそんなヒーローにあこがれ、ふろしきを顔《かお》や首《くび》に巻《ま》いて月光仮面《げっこうかめん》に変装《へんそう》したり、「ウーヤーター」とさけびながら少年《しょうねん》ジェットのまねをしたりと、ヒーローになりきって遊《あそ》びました。その人気《にんき》ぶりは、月光仮面《げっこうかめん》のまねをして高《たか》いへいからとびおり、けがをする子《こ》どもが続出《ぞくしゅつ》したために、『月光仮面《げっこうかめん》』の放送《ほうそう》が打《う》ちきられたほどでした。

そのとき世界では？

ベルリンの壁《かべ》が築《きず》かれる

ドイツでは東西分割後《とうざいぶんかつご》、西《にし》ドイツ*1が順調《じゅんちょう》に発展《はってん》していくのに反《はん》して、東《ひがし》ドイツ*2の経済再建《けいざいさいけん》は難航《なんこう》していました。その上《うえ》、個人《こじん》の農地《のうち》や工場《こうじょう》、商店《しょうてん》を取《と》りあげて集団化《しゅうだんか》する政策《せいさく》は、国民《こくみん》を絶望《ぜつぼう》させるばかりでした。こうして、人《ひと》びとは東《ひがし》ドイツから西《にし》ドイツへの脱出《だっしゅつ》をはじめます。

東西《とうざい》ドイツの国境《こっきょう》はきびしく警備《けいび》されていましたが、首都《しゅと》ベルリンは東《ひがし》ドイツにありながら東西《とうざい》にわけられていて、東《ひがし》ベルリンから西《にし》ベルリンへはかんたんに入《はい》ることができました。そこで、東《ひがし》ドイツの人《ひと》びとは東《ひがし》ベルリンからまず西《にし》ベルリンに入《はい》り、そこを経由《けいゆ》して西《にし》ドイツへ脱出《だっしゅつ》する方法《ほうほう》をとりました。1961年《ねん》になると脱出者《だっしゅつしゃ》は急増《きゅうぞう》し、358万人《まんにん》にもなったとされます。とくに医者《いしゃ》や技術者《ぎじゅつしゃ》、学者《がくしゃ》など、東《ひがし》ドイツにとって経済発展《けいざいはってん》の要《かなめ》となる多《おお》くの人材《じんざい》が脱出《だっしゅつ》していきました。

これを防《ふせ》ぐために、1961年《ねん》8月《がつ》、東《ひがし》ドイツはいきなり、東西《とうざい》ベルリンの境界《きょうかい》に壁《かべ》と鉄条網《てつじょうもう》を設置《せっち》。そればかりでなく、西《にし》ベルリン全体《ぜんたい》をぐるりと包囲《ほうい》する形《かたち》で壁《かべ》をつくり、壁《かべ》の東《ひがし》ドイツ側《がわ》には警備兵《けいびへい》が配置《はいち》されました。壁《かべ》の長《なが》さは、東西《とうざい》ベルリン間《かん》では43・1km、全長《ぜんちょう》は155kmにおよびました。この「ベルリンの壁《かべ》」は1989年《ねん》に崩壊《ほうかい》するまで、冷戦《れいせん》を象徴《しょうちょう》する存在《そんざい》となりました。

池上解説

ベルリンの壁《かべ》とは？

国境《こっきょう》の壁《かべ》は、ふつうは隣国《りんごく》から不法《ふほう》に流入《りゅうにゅう》してくる人物《じんぶつ》や物資《ぶっし》を防《ふせ》ぐためのものだよ。でもこの壁《かべ》は、自国民《じこくみん》の逃亡《とうぼう》を防《ふせ》ぐ目的《もくてき》でつくられたんだ。ここに皮肉《ひにく》な、そして悲劇的《ひげきてき》な歴史《れきし》があるわけだね。

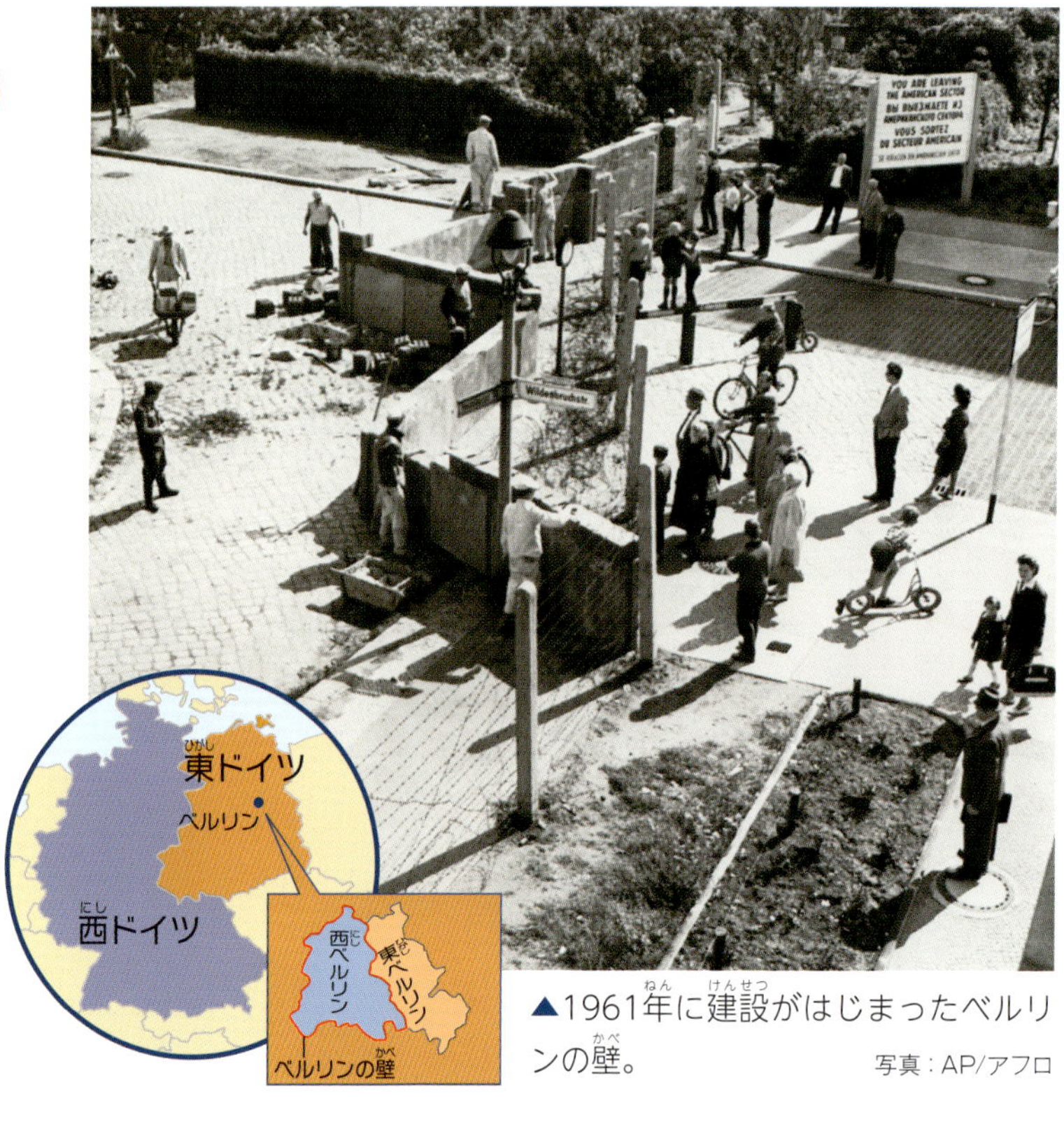

▲1961年《ねん》に建設《けんせつ》がはじまったベルリンの壁《かべ》。

写真：AP/アフロ

*1 西《にし》ドイツ：第二次世界大戦後《だいにじせかいたいせんご》の1949年《ねん》、アメリカ、イギリス、フランスが占領《せんりょう》する地域《ちいき》に誕生《たんじょう》した資本主義《しほんしゅぎ》の国《くに》。
*2 東《ひがし》ドイツ：1949年《ねん》、ソ連《れん》の占領地域《せんりょうちいき》に社会主義《しゃかいしゅぎ》の国《くに》として誕生《たんじょう》。1990年《ねん》に西《にし》ドイツに吸収《きゅうしゅう》された。

そのとき世界では？

宇宙開発《うちゅうかいはつ》・ミサイル競争《きょうそう》

1961年《ねん》4月《がつ》、ガガーリン*1が乗《の》るソ連《れん》の宇《う》宙船《ちゅうせん》「ボストーク1号《ごう》」が宇宙《うちゅう》に出《で》る飛行《ひこう》に成功《せいこう》しました。人類《じんるい》はじめての有人宇宙飛行《ゆうじんうちゅうひこう》です。ついで5月《がつ》には、アメリカも有人《ゆうじん》ロケットを打《う》ちあげました。アメリカ対《たい》ソ連《れん》の冷戦《れいせん》は宇宙《うちゅう》にまで広《ひろ》がっていったのです。

両国《りょうこく》の宇宙開発《うちゅうかいはつ》はすでにこれ以前《いぜん》の1957年《ねん》からはじまっていました。まずソ連《れん》がスプートニク1号《ごう》を打《う》ちあげるや、翌年《よくねん》にはアメリカがエクスプローラ1号《ごう》の打《う》ちあげに成功《せいこう》。両国《りょうこく》は次《つぎ》つぎと人工衛星《じんこうえいせい》の開発《かいはつ》に乗《の》りだしました。

また同《おな》じ1957年《ねん》には、両国《りょうこく》とも大陸間弾道《たいりくかんだんどう》ミサイル*2の実験《じっけん》に成功《せいこう》しています。このミサイルは、核弾頭《かくだんとう》を積《つ》んで、わずか30分《ぷん》で相手国《あいてこく》を攻《こう》撃《げき》・破壊《はかい》できる能力《のうりょく》をもつ兵器《へいき》です。

もっと知りたい！ ミサイルは、ロケットの技術《ぎじゅつ》から

ミサイル、人工衛星《じんこうえいせい》の開発《かいはつ》には、ロケット技《ぎ》術《じゅつ》の発達《はったつ》が欠《か》かせません。もともとロケットは、第二次世界大戦中《だいにじせかいたいせんちゅう》にドイツが開発《かいはつ》してイギリス本土《ほんど》を攻撃《こうげき》した兵器《へいき》です。戦後《せんご》、アメリカ、ソ連《れん》はこの技術《ぎじゅつ》を応用《おうよう》して、高性能《こうせいのう》のミサイルをつくりあげたのです。

現在《げんざい》の各国《かっこく》の核弾頭数《かくだんとうすう》

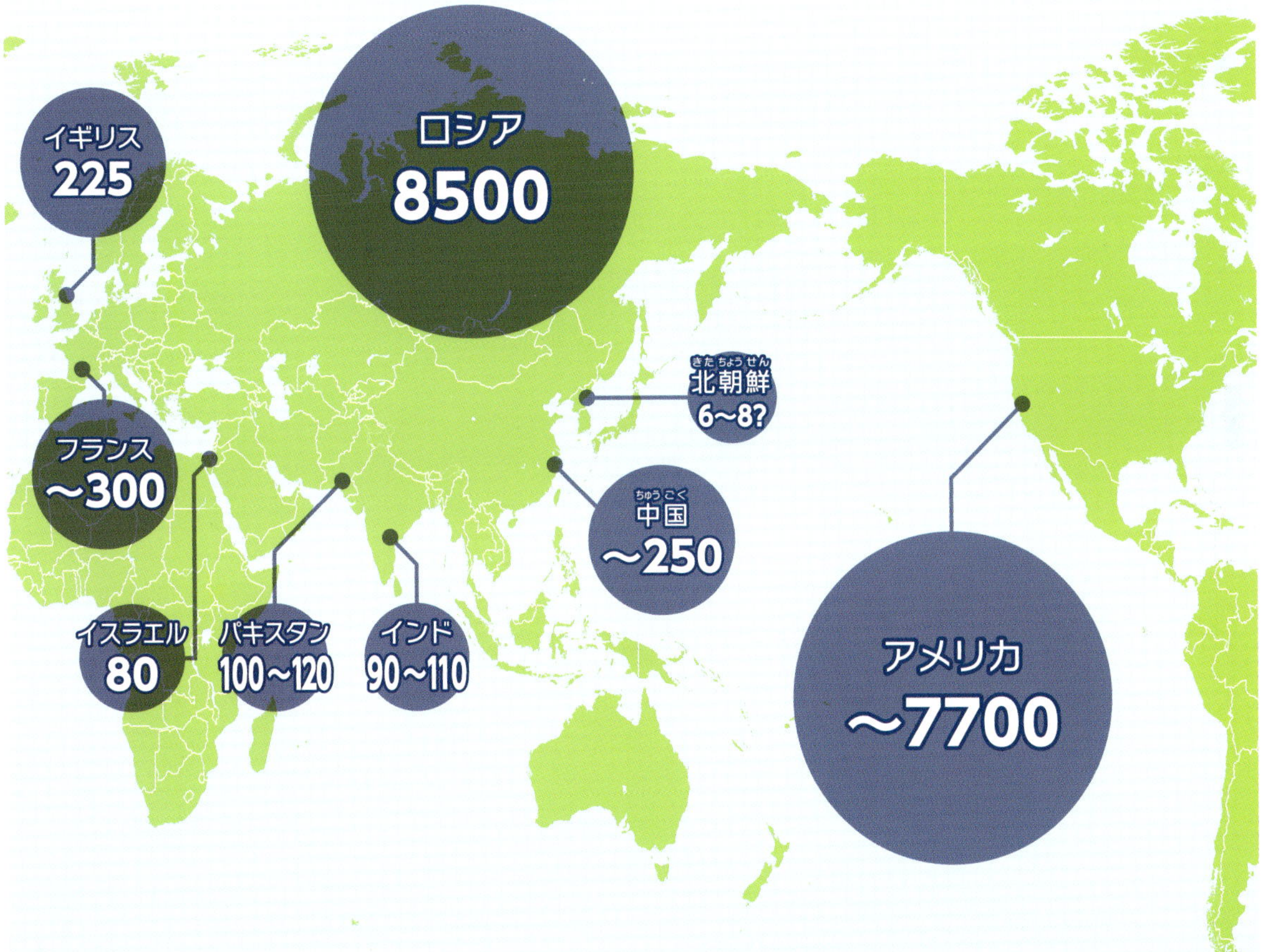

SIPRI Year Book 2013より作成（2013年1月時点の概算値）

*1 ガガーリン：1934〜1968年《ねん》。ソ連《れん》の宇宙飛行士《うちゅうひこうし》。人類史上《じんるいしじょう》はじめて宇宙《うちゅう》へいき、「地球《ちきゅう》は青《あお》かった」という言葉《ことば》を残《のこ》した。 *2 大陸間弾道《たいりくかんだんどう》ミサイル：射程距離《しゃていきょり》が5500km以上《いじょう》のミサイル。

冷《れい》戦《せん》と代《だい》理《り》戦《せん》争《そう》

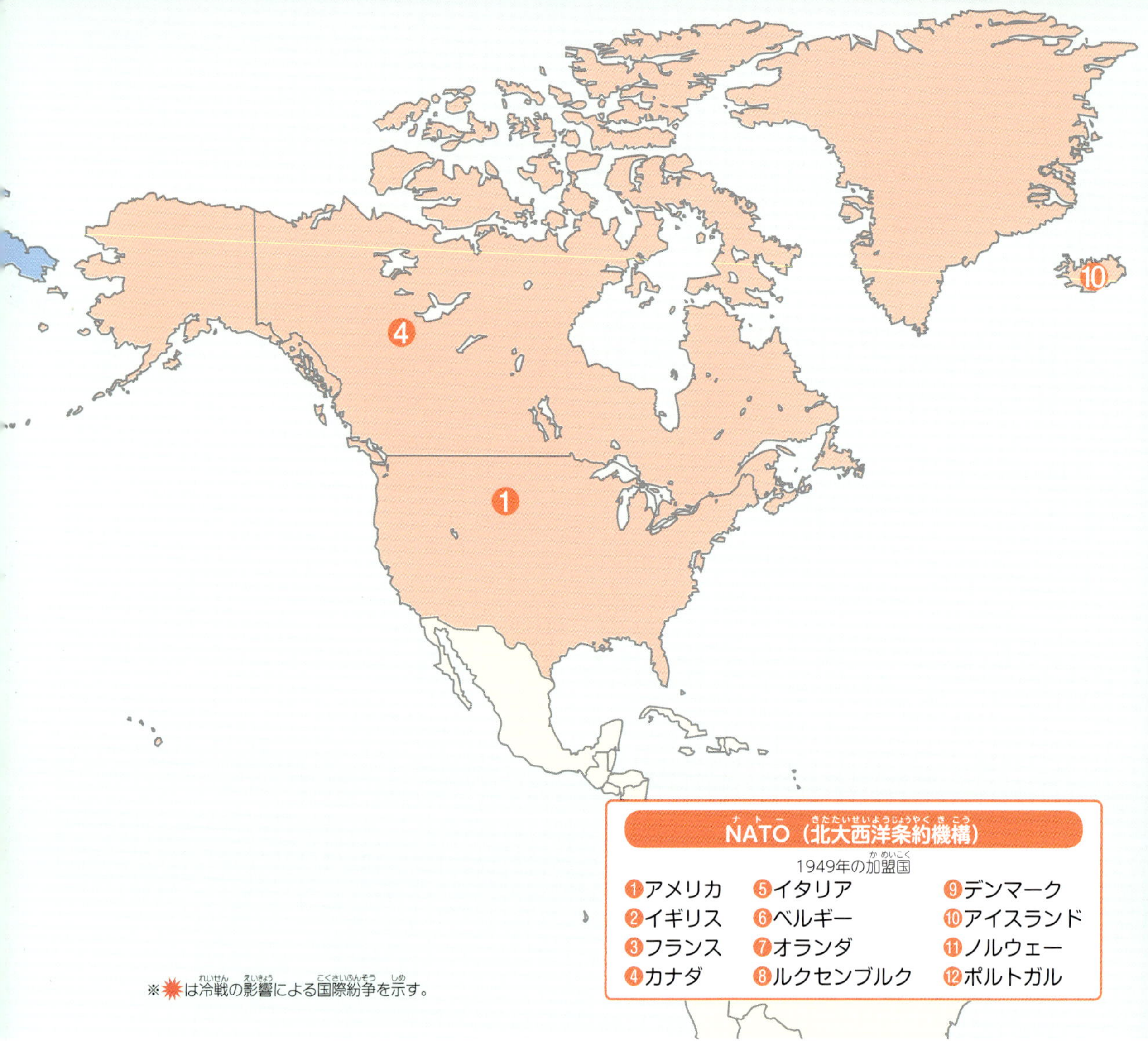

※は冷戦《れいせん》の影響《えいきょう》による国際紛争《こくさいふんそう》を示《しめ》す。

第二次世界大戦後《だいにじせかいたいせんご》、世界《せかい》はアメリカを中心《ちゅうしん》とする資本主義《しほんしゅぎ》⇒P42の国《くに》ぐに（NATO《ナトー》＊1に属《ぞく》する国《くに》など）と、ソ連《れん》を中心《ちゅうしん》とする社会主義《しゃかいしゅぎ》⇒P42の国《くに》ぐに（WTO《ダブリューティーオー》＊2に属《ぞく》する国《くに》など）にわかれていました。

当時《とうじ》、アメリカ、ソ連《れん》ともに、原爆《げんばく》をもっていて、「どちらかが原爆《げんばく》をつかえば相手《あいて》もつかい、原爆《げんばく》のうちあいがはじまる。そうなれば、世界《せかい》がほろんでしまう」という恐《おそ》れがありました。そのため、たがいのにらみあいが続《つづ》いていました。この状態《じょうたい》は、戦火《せんか》をまじえない戦争《せんそう》（戦《たたか》わない戦争《せんそう》）という意味《いみ》で「冷戦《れいせん》」とよばれました。冷戦時代《れいせんじだい》、アメリカとソ連《れん》は直接《ちょくせつ》に戦《たたか》うことはありませんでしたが、世界各地《せかいかくち》で、アメリカが一方《いっぽう》を支援《しえん》すれば、ソ連《れん》がもう一方《いっぽう》を支援《しえん》するという紛争《ふんそう》が起《お》こりました。

朝鮮戦争《ちょうせんせんそう》をはじめベトナム戦争《せんそう》⇒P43やカンボジア内戦《ないせん》⇒P41など、世界各地《せかいかくち》で2つの勢力《せいりょく》がアメリカとソ連《れん》の支援《しえん》の

＊1 NATO《ナトー》：北大西洋条約機構《きたたいせいようじょうやくきこう》。1949年《ねん》、アメリカがカナダやヨーロッパの国《くに》ぐにとともに設立《せつりつ》した軍事機構《ぐんじきこう》。
＊2 WTO《ダブリューティーオー》：ワルシャワ条約機構《じょうやくきこう》。1955年《ねん》、ソ連《れん》と東《ひがし》ヨーロッパを中心《ちゅうしん》とした社会主義国《しゃかいしゅぎこく》が設立《せつりつ》した軍事機構《ぐんじきこう》。

もとに戦火《せんか》をまじえます。このような戦《せん》争《そう》や内戦《ないせん》は、アメリカとソ連《れん》の「代理《だいり》戦《せん》争《そう》」とよばれていました。

　第二次世界大戦《だいにじせかいたいせん》からおよそ半世紀《はんせいき》がすぎるころに、冷戦時代《れいせんじだい》も終《お》わりをむかえます。1989年《ねん》12月《がつ》、アメリカのブッシュ＊1大統領《だいとうりょう》とソ連《れん》のゴルバチョフ＊2書記長《しょきちょう》が冷戦《れいせん》の終結《しゅうけつ》を宣言《せんげん》。その後《ご》、1991年《ねん》12月《がつ》、ソ連《れん》が解体《かいたい》してロシアやほかの国《くに》にわかれました。これにより、冷戦《れいせん》と代理戦争《だいりせんそう》の時代《じだい》も終《お》わったといわれました。しかし、朝鮮半島《ちょうせんはんとう》ではいまもにらみあい状態《じょうたい》が続《つづ》いています。

▲朝鮮戦争《ちょうせんせんそう》でおこなわれた砲撃《ほうげき》（1950年《ねん》）。　写真：AP/アフロ

＊1 ブッシュ：1924年《ねん》～。アメリカの政治家《せいじか》、第《だい》41代大統領《だいだいとうりょう》。　＊2 ゴルバチョフ：1931年《ねん》～。ソ連《れん》の政治家《せいじか》。ソ連共産党書記長《れんきょうさんとうしょきちょう》、ソ連初代大統領《れんしょだいだいとうりょう》などをつとめ、冷戦《れいせん》の終了《しゅうりょう》に貢献《こうけん》した。1990年《ねん》ノーベル平和賞受賞《へいわしょうじゅしょう》。

そのとき日本では？

エネルギー革命《かくめい》

敗戦直後《はいせんちょくご》、日本経済《にほんけいざい》を復興《ふっこう》させるために、さまざまな経済《けいざい》政策《せいさく》が出《だ》されました。そのなかの1つが「傾斜生産方式《けいしゃせいさんほうしき》*1」です。これはすべての経済政策《けいざいせいさく》を石炭《せきたん》と鉄鋼《てっこう》の生産《せいさん》に傾《かたむ》ける（傾斜《けいしゃ》する）ことからうまれた言葉《ことば》です。

経済復興《けいざいふっこう》にはなによりも工業生産《こうぎょうせいさん》を拡大《かくだい》しなければなりません。そのためにはエネルギー源《げん》となる石炭《せきたん》の増産《ぞうさん》が不可欠《ふかけつ》でしたが、戦争中《せんそうちゅう》の乱掘《らんくつ》で、炭坑《たんこう》は荒《あ》れはてたままでした。その炭坑《たんこう》を整備《せいび》するには、内部《ないぶ》を支《ささ》える鉄柱《てっちゅう》、つまり鉄鋼《てっこう》が必要《ひつよう》。その鉄鋼《てっこう》を復興《ふっこう》させるには、燃料《ねんりょう》・原料《げんりょう》となる石炭《せきたん》が必要《ひつよう》となるというように、堂々《どうどう》めぐりの状態《じょうたい》でした。

そこで政府《せいふ》はアメリカへ重油《じゅうゆ》の援助《えんじょ》を依頼《いらい》。重油《じゅうゆ》を燃料《ねんりょう》にして鉄鋼業《てっこうぎょう》を復活《ふっかつ》させ、その鉄鋼《てっこう》を炭坑《たんこう》にまわして整備《せいび》し、石炭《せきたん》を増産《ぞうさん》、それがまた鉄鋼《てっこう》の増産《ぞうさん》につながるという計画《けいかく》を立《た》てました。このような鉄鋼《てっこう》、石炭《せきたん》の生産《せいさん》を最優先《さいゆうせん》にした政《せい》策《さく》を打《う》ちだして、経済復興《けいざいふっこう》をはかろうとしたのです。当時《とうじ》、石炭《せきたん》は「黒《くろ》いダイヤ」とよばれ、石炭業界《せきたんぎょうかい》は優遇《ゆうぐう》されました。

ところが、1950年代半《ねんだいなか》ばから、石炭《せきたん》よりも値段《ねだん》の安《やす》い石油《せきゆ》が輸入《ゆにゅう》されるようになって、状況《じょうきょう》は一変《いっぺん》。石油輸入量《せきゆゆにゅうりょう》が大幅《おおはば》に増《ふ》える一方《いっぽう》で、石炭《せきたん》の生産量《せいさんりょう》は減《へ》りつづけます。こうしてエネルギー源《げん》は石炭《せきたん》から石油《せきゆ》に取《と》ってかわられることになりました。「エネルギー革命《かくめい》」がやってきたのです。

日本《にほん》の一次《いちじ》エネルギー供給推移《きょうきゅうすいい》

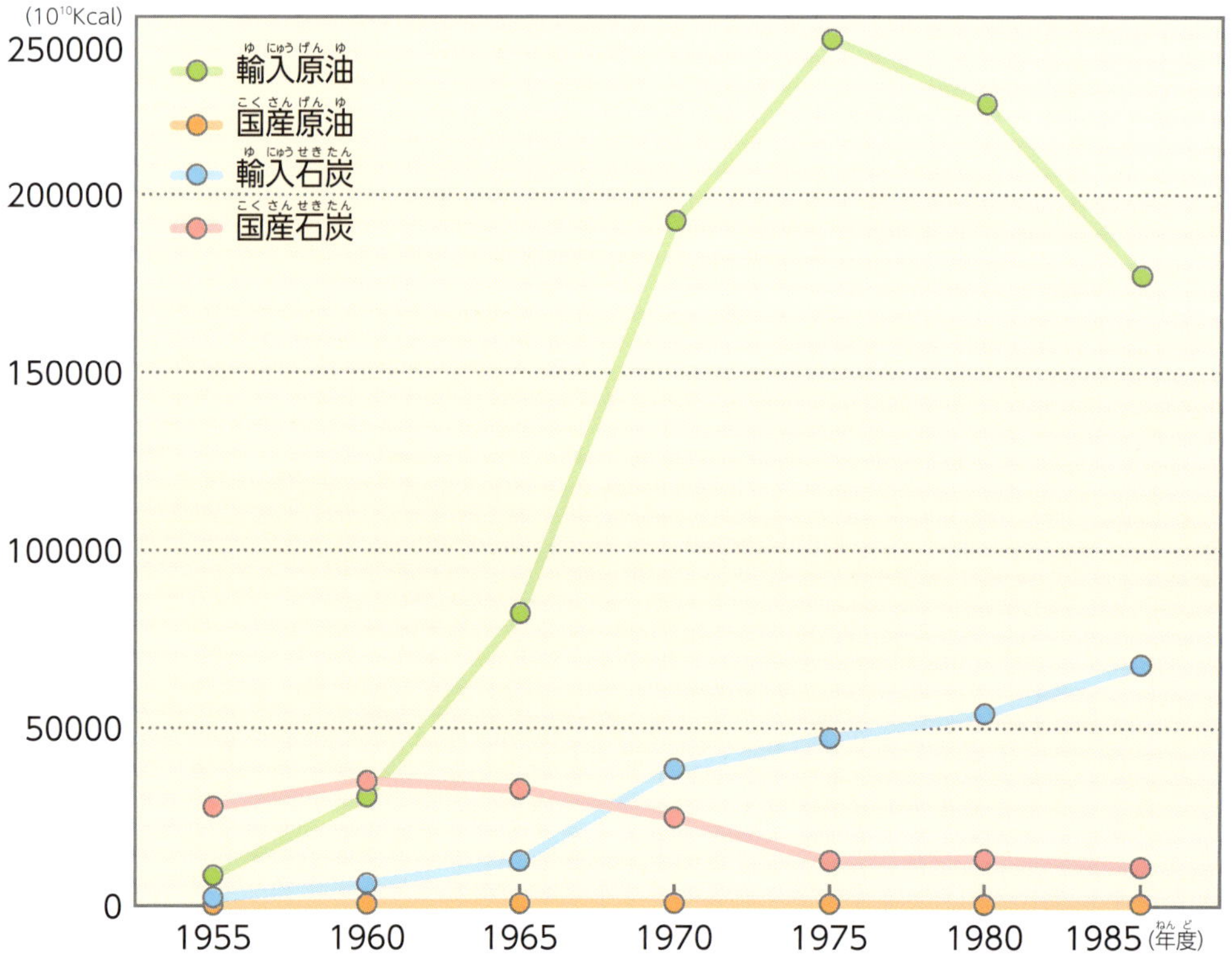

『エネルギー生産・需給統計年報』より作成

*1 傾斜生産方式《けいしゃせいさんほうしき》：第二次世界大戦後《だいにじせかいたいせんご》の1946年《ねん》12月《がつ》に決定《けってい》された政策《せいさく》。日本《にほん》の経済復興《けいざいふっこう》のためにおこなわれた。

そのとき日本では？

消費革命《しょうひかくめい》とレジャーブーム

戦後《せんご》、日本人《にほんじん》はわき目《め》もふらずはたらき、それが経済復興《けいざいふっこう》の原動力《げんどうりょく》になりました。そのころは、人《ひと》びとは余暇《よか》を楽《たの》しむゆとりをもっていませんでしたが、経済成長《けいざいせいちょう》によって生活《せいかつ》が向上《こうじょう》するにともない、人《ひと》びとの意識《いしき》と生活《せいかつ》は大《おお》きくかわりはじめます。

「所得倍増計画《しょとくばいぞうけいかく》」が成功《せいこう》し、所得《しょとく》が増《ふ》えることで、人《ひと》びとにはものを手《て》に入《い》れる余裕《よゆう》ができました。それが消費意欲《しょうひいよく》に結《むす》びつき、「消費革命《しょうひかくめい》」とよばれる時代《じだい》がはじまります。「三種《さんしゅ》の神器《じんぎ》」とよばれる白《しろ》黒《くろ》テレビ、洗濯機《せんたくき》、冷蔵庫《れいぞうこ》の売《う》れゆきも順調《じゅんちょう》でした。洗濯機《せんたくき》が普及《ふきゅう》することで、主婦《しゅふ》は家事《かじ》から解放《かいほう》され、時間《じかん》の余裕《よゆう》がうまれます。労働時間《ろうどうじかん》の短縮《たんしゅく》によって、はたらく人《ひと》びとには自由《じゆう》な時間《じかん》が増《ふ》えます。その結《けっ》果《か》、余暇《よか》を楽《たの》しむ人《ひと》たちが急増《きゅうぞう》しました。

1961年《ねん》には、スキー客《きゃく》が100万人《まんにん》、登山客《とざんきゃく》が200万人《まんにん》以上《いじょう》にもなる「レジャーブーム」をむかえます。そこへ国産車《こくさんしゃ》が次《つぎ》つぎに発売《はつばい》されてマイカー時代《じだい》*1がはじまり、レジャーブームにいっそう拍車《はくしゃ》をかけました。

食品《しょくひん》の分野《ぶんや》では、インスタントラーメン*2やインスタントコーヒーも登場《とうじょう》します。とくに手間《てま》がかからないインスタントラーメンはその後《ご》、「国民食《こくみんしょく》」といえるほど定着《ていちゃく》しました。

▲1961年《ねん》、群馬県谷川岳《ぐんまけんたにがわだけ》のスキー場《じょう》に集《あつ》まったスキーヤー。

写真：毎日新聞社

*1 マイカー時代《じだい》：自動車《じどうしゃ》が一般家庭《いっぱんかてい》に普及《ふきゅう》し当《あ》たり前《まえ》のものになる時代《じだい》。1960年代《ねんだい》には低価格《ていかかく》の自動車《じどうしゃ》が次《つぎ》つぎに発売《はつばい》された。　*2 インスタントラーメン：1958年《ねん》、日清食品創業者《にっしんしょくひんそうぎょうしゃ》の安藤百福《あんどうももふく》が開発《かいはつ》、発売《はつばい》。

キューバ危機《きき》

1962年《ねん》、ついにアメリカとソ連《れん》の核戦争勃発《かくせんそうぼっぱつ》かと、世界《せかい》じゅうの人《ひと》が恐怖《きょうふ》を感《かん》じた事件《じけん》が起《お》こりました。キューバ危機《きき》です。10月《がつ》14日《か》、アメリカ軍《ぐん》の偵察機《ていさつき》がキューバ上空《じょうくう》を飛行中《ひこうちゅう》に、ミサイル基地《きち》を撮影《さつえい》。これをCIA《シーアイエイ》*1が分析《ぶんせき》したところ、核兵器《かくへいき》を搭載《とうさい》できるソ連《れん》の中距離弾道《ちゅうきょりだんどう》ミサイル*2がキューバに運《はこ》びこまれているのを発見《はっけん》しました。キューバでは、1959年《ねん》のキューバ革命《かくめい》⇓P41でカストロ⇓P41政権《せいけん》が誕生《たんじょう》し、ソ連《れん》と結《むす》びつきを強《つよ》めていました。アメリカに近《ちか》いキューバに、ソ連《れん》はミサイルを配備《はいび》しようとしていたのです。

アメリカはキューバ本土《ほんど》への攻撃《こうげき》をふくめた軍事行動《ぐんじこうどう》を検討《けんとう》。しかしケネディ⇓P41大統領《だいとうりょう》は、キューバ攻撃《こうげき》には反対《はんたい》し、海上封鎖《かいじょうふうさ》を選択《せんたく》します。ソ連《れん》からキューバにむかう船《ふね》を海上《かいじょう》で停船《ていせん》させて、積《つ》み荷《に》を検査《けんさ》する作戦《さくせん》です。同時《どうじ》に、世界各地《せかいかくち》のアメリカ軍《ぐん》に、戦争直前《せんそうちょくぜん》の態勢《たいせい》をとるよう指示《しじ》しました。

一方《いっぽう》、ソ連《れん》とキューバも臨戦態勢《りんせんたいせい》に入《はい》りました。世界《せかい》じゅうの人《ひと》たちが全面核戦争《ぜんめんかくせんそう》の恐怖《きょうふ》におびえながら見守《みまも》るなか、ケネディ大統領《だいとうりょう》とソ連《れん》のフルシチョフ⇓P43首相《しゅしょう》のかけひきが続《つづ》きました。そのさなかの10月《がつ》27日《にち》、キューバ上空《じょうくう》を偵察《ていさつ》中《ちゅう》のアメリカ軍機《ぐんき》がソ連《れん》のミサイルによって撃墜《げきつい》されたことで、緊張《きんちょう》は極限《きょくげん》に達《たっ》しました。しかし翌《よく》28日《にち》、ソ連《れん》はキューバからの武器《ぶき》の撤去《てっきょ》を発表《はっぴょう》。ソ連《れん》が妥協《だきょう》することで、20世紀《せいき》最大《さいだい》の危機《きき》は避《さ》けられたのです。

▲キューバ危機《きき》で世界《せかい》じゅうの人《ひと》が核戦争《かくせんそう》の恐《おそ》れを感《かん》じた。写真《しゃしん》はイギリスのロンドンでおこなわれたデモ。

写真：TopFoto/アフロ

*1 CIA《シーアイエイ》：アメリカ中央情報局《ちゅうおうじょうほうきょく》。他国《たこく》の情報収集《じょうほうしゅうしゅう》をおこなうアメリカのスパイ機関《きかん》。 *2 中距離弾道《ちゅうきょりだんどう》ミサイル：射程《しゃてい》距離《きょり》がおよそ1000～5500kmのミサイル。射程距離《しゃていきょり》が短《みじか》いものを「準中距離弾道《じゅんちゅうきょりだんどう》ミサイル」とよぶこともある。

そのとき世界では？

核実験禁止《かくじっけんきんし》の動《うご》き

核実験《かくじっけん》は、大量《たいりょう》の放射能《ほうしゃのう》＊1を大気中《たいきちゅう》に放出《ほうしゅつ》し、それが人体《じんたい》に悪影響《あくえいきょう》をおよぼします。たびかさなる核実験《かくじっけん》は人類《じんるい》を滅亡《めつぼう》に導《みちび》くのではないかと、世界《せかい》の人《ひと》びとは真剣《しんけん》に考《かんが》えはじめるようになりました。

「核兵器《かくへいき》の廃棄《はいき》はできなくても、せめて核実験《かくじっけん》だけでも禁止《きんし》してほしい」

このような国際世論《こくさいよろん》の高《たか》まりにおされ、1963年《ねん》、アメリカ、ソ連《れん》、イギリスの3か国《こく》が部分的核実験禁止条約《ぶぶんてきかくじっけんきんしじょうやく》⇒P43に調印《ちょういん》しました。

この条約《じょうやく》では大気中《たいきちゅう》の核実験《かくじっけん》は禁止《きんし》されたものの、地下核《ちかかく》実験《じっけん》までは禁止《きんし》していません。地下核実験《ちかかくじっけん》の技術《ぎじゅつ》をもつこの3か国《こく》だけが核兵器《かくへいき》を独占《どくせん》するとして、フランス、中国《ちゅうごく》はこれに反対《はんたい》。調印《ちょういん》には参加《さんか》しませんでした。

その後《ご》、フランス、中国《ちゅうごく》が参加《さんか》して核拡散防止条約《かくかくさんぼうしじょうやく》⇒P41が結《むす》ばれました。これは核兵器《かくへいき》をもたない、もとうとしないことを多《おお》くの国《くに》が宣言《せんげん》した条約《じょうやく》でした。一方《いっぽう》で、アメリカ、ソ連《れん》、イギリス、フランス、中国《ちゅうごく》の5か国《こく》が核兵器《かくへいき》を独占《どくせん》することを認《みと》めることにもなりました。

世界《せかい》ですべての核実験《かくじっけん》が禁止《きんし》されるのは、さらにその後《ご》の包括的核実験禁止条約《ほうかつてきかくじっけんきんしじょうやく》⇒P43（1996年採択《ねんさいたく》）まで待《ま》たなければなりませんでした。ところが、この条約《じょうやく》は2014年《ねん》現在《げんざい》、いまだに発効《はっこう》していません。

核兵器《かくへいき》をめぐる現状《げんじょう》

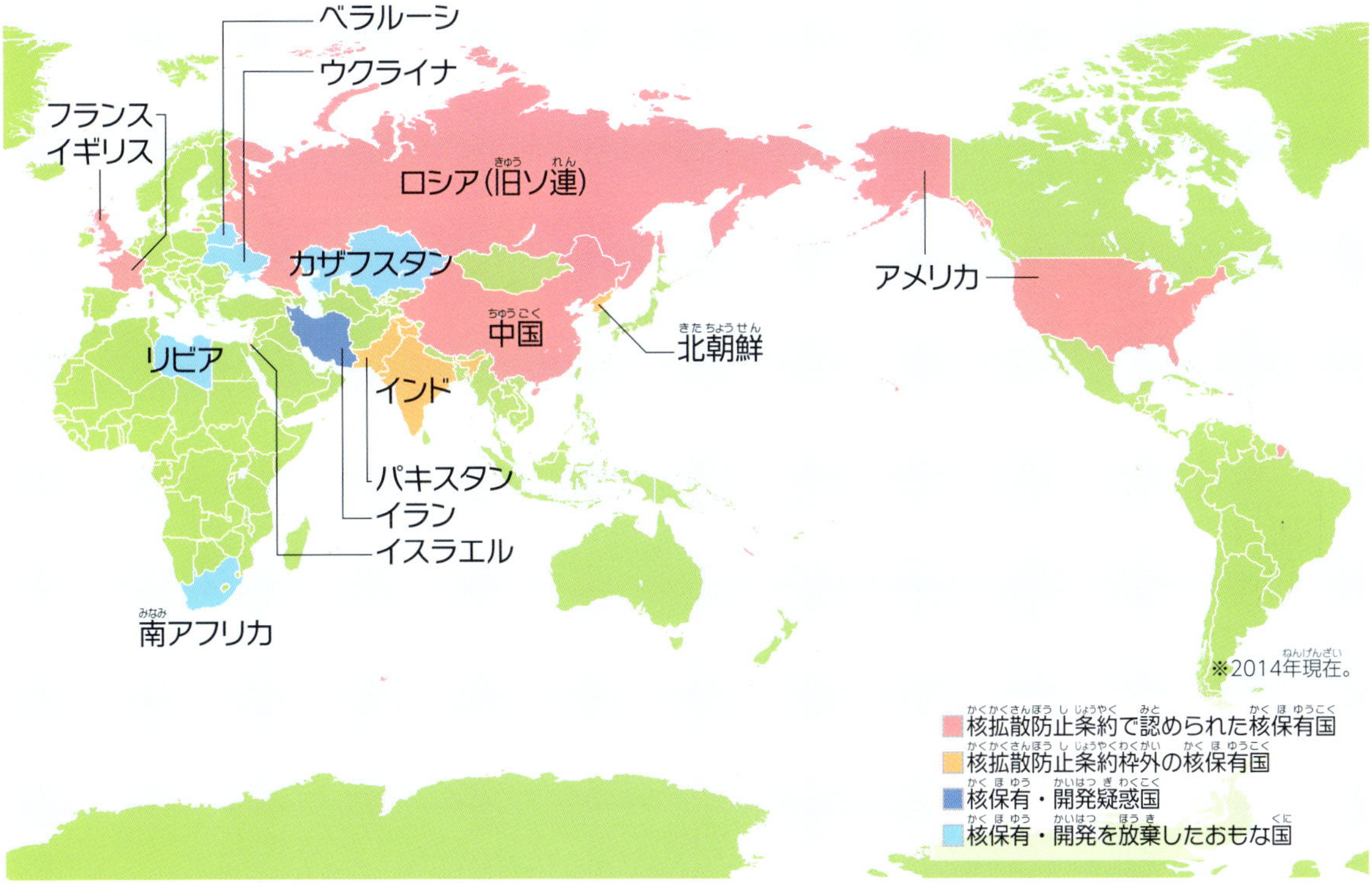

＊1 放射能《ほうしゃのう》：放射性物質《ほうしゃせいぶっしつ》が放射線《ほうしゃせん》を出《だ》す能力《のうりょく》のこと。放射線《ほうしゃせん》を多《おお》くあびると人体《じんたい》に有害《ゆうがい》な影響《えいきょう》が出《で》る。

そのとき世界では？

ケネディ暗殺《あんさつ》事件《じけん》

1963年《ねん》11月《がつ》22日《にち》、午後《ごご》0時《じ》30分《ぷん》（日本時間《にほんじかん》23日《にち》午前《ごぜん》3時《じ》30分《ぷん》）。アメリカのケネディ大統領《だいとうりょう》は、翌年《よくねん》の大統領選挙《だいとうりょうせんきょ》のためにテキサス州《しゅう》のダラス市内《しない》をパレード中《ちゅう》でした。そこへ突如《とつじょ》、銃声《じゅうせい》がひびき、車《くるま》に乗《の》っていたケネディ大統領《だいとうりょう》が2発《はつ》の銃弾《じゅうだん》を受《う》けて死亡《しぼう》しました。FBI《エフビーアイ》（連邦捜査局《れんぽうそうさきょく》）と警察《けいさつ》はその日《ひ》のうちに、容疑者《ようぎしゃ》としてオズワルド*1を逮捕《たいほ》。しかし2日後《ふつかご》、オズワルドは犯行《はんこう》を否認《ひにん》したまま、ルビー*2という人物《じんぶつ》によって射殺《しゃさつ》されてしまいます。射殺《しゃさつ》の場面《ばめん》はテレビで生中継《なまちゅうけい》されていたので、多《おお》くのアメリカ人《じん》は衝撃的《しょうげきてき》な映像《えいぞう》をリアルタイムで見《み》ることになりました。

ケネディ大統領《だいとうりょう》はキューバ危機《きき》やベトナム戦争《せんそう》で強硬《きょうこう》な政策《せいさく》をとる一方《いっぽう》、公民権運動《こうみんけんうんどう》や人種差別問題《じんしゅさべつもんだい》に理解《りかい》を示《しめ》し、ソ連《れん》とのあいだにホットラインを設置《せっち》するなど、冷戦下《れいせんか》での緊張緩和《きんちょうかんわ》を進《すす》めてきました。ケネディ大統領《だいとうりょう》の死《し》でそのような動《うご》きに影響《えいきょう》が出《で》るのか、世界《せかい》じゅうに不安《ふあん》が広《ひろ》がりました。

池上解説

謎《なぞ》につつまれた暗殺《あんさつ》

事件後《じけんご》、調査委員会《ちょうさいいんかい》は、ケネディ大統領暗殺《だいとうりょうあんさつ》はオズワルドの単独犯行《たんどくはんこう》だと結論《けつろん》づけた。それでも、今日《こんにち》までかずかずの陰謀説《いんぼうせつ》が発表《はっぴょう》され、真相《しんそう》は謎《なぞ》につつまれているよ。

▲1963年《ねん》11月《がつ》22日《にち》、自動車《じどうしゃ》に乗《の》ってパレード中《ちゅう》のケネディ大統領《だいとうりょう》（後部奥《こうぶおく》）。　写真：Everett Collection/アフロ

＊1 オズワルド：1939～1963年《ねん》。ケネディ大統領《だいとうりょう》を暗殺《あんさつ》した人物《じんぶつ》とされる。　＊2 ルビー：1911～1967年《ねん》。アメリカの実業家《じつぎょうか》。オズワルド殺害《さつがい》により死刑判決《しけいはんけつ》を受《う》けたのち、病死《びょうし》した。

そのとき日本では？

はじめての衛星放送《えいせいほうそう》

ケネディ大統領《だいとうりょう》が暗殺《あんさつ》された日《ひ》には、日本《にほん》とアメリカのあいだではじめてテレビ宇宙中継《うちゅうちゅうけい》がおこなわれる予定《よてい》でした。

この中継《ちゅうけい》は、NASA《ナサ》＊1から、通信衛星《つうしんえいせい》のリレー1号《ごう》を通《とお》して送《おく》られてくる電波《でんぱ》を、茨城県《いばらきけん》にある地上局《ちじょうきょく》で受信《じゅしん》して全国《ぜんこく》に放映《ほうえい》するというもので、翌年《よくねん》に開《ひら》かれる東京《とうきょう》オリンピックの映像《えいぞう》を世界《せかい》へ送信《そうしん》するための実験《じっけん》でした。

その日《ひ》の1回目《かいめ》の中継実験《ちゅうけいじっけん》では、アメリカのモハーヴェ砂漠《さばく》の風景《ふうけい》が鮮明《せんめい》に映《うつ》しだされましたが、予定《よてい》されていたケネディ大統領《だいとうりょう》のメッセージ録画《ろくが》は放映《ほうえい》されませんでした。続《つづ》く2回目《かいめ》の中継実験《ちゅうけいじっけん》がはじまってまもなく、画面《がめん》から悲《かな》しみに沈《しず》んだ声《こえ》が流《なが》れてきました。ケネディ大統領《だいとうりょう》が暗殺《あんさつ》されたというニュースでした。

多《おお》くの日本人《にほんじん》は、はじめて見《み》るテレビ宇宙中継《うちゅうちゅうけい》でケネディ大統領暗殺《だいとうりょうあんさつ》の衝撃的《しょうげきてき》なニュースを知《し》ることになったのです。

池上解説

ニュースが世界《せかい》へ！

このときのテレビ宇宙中継《うちゅうちゅうけい》で、ケネディ大統《だいとう》領暗殺《りょうあんさつ》のニュースはアメリカと日本《にほん》にほとんど同時《どうじ》に伝《つた》えられた。その後《ご》、本格的《ほんかくてき》な衛星中継《えいせいちゅうけい》がはじまり、ニュースがすぐに世界《せかい》へ伝《つた》わるようになっていくんだ。東京《とうきょう》オリンピックもこうして中継《ちゅうけい》されたよ。

▲1963年《ねん》11月《がつ》23日《にち》（日本時間《にほんじかん》）、ケネディ大統領暗殺《だいとうりょうあんさつ》の報道《ほうどう》が日本《にほん》のテレビで流《なが》れた。　写真：毎日新聞社

＊1 NASA《ナサ》：アメリカ航空宇宙局《こうくううちゅうきょく》。宇宙開発《うちゅうかいはつ》をおこなうアメリカの政府機関《せいふきかん》。

もっと知りたい!

新幹線《しんかんせん》開業《かいぎょう》と東京《とうきょう》オリンピック

1964年《ねん》10月1日《がつついたち》午前《ごぜん》6時《じ》、「ひかり」1号《ごう》が東京駅《とうきょうえき》を出発《しゅっぱつ》。東海道新幹線《とうかいどうしんかんせん》＊1の開業《かいぎょう》です。東京《とうきょう》オリンピック開会式《かいかいしき》の9日前《ここのかまえ》のことでした。この新幹線《しんかんせん》は、「夢《ゆめ》の超特急《ちょうとっきゅう》」とよばれ、東京《とうきょう》ー大阪間《おおさかかん》は大幅《おおはば》にスピードアップ。所要時間《しょようじかん》はそれまでの6時間《じかん》50分《ぷん》から4時間《じかん》にまで短縮《たんしゅく》されました。

新幹線開業《しんかんせんかいぎょう》のための工事《こうじ》は5年前《ねんまえ》にはじめられ、総工費《そうこうひ》は当初予定《とうしょよてい》の2倍近《ばいちか》くの3800億円《おくえん》に達《たっ》しました。日本政府《にほんせいふ》はこのうち、世界銀行《せかいぎんこう》⇒P42から8000万《まん》ドル（当時《とうじ》の換算《かんさん》で288億円《おくえん》）を借《か》りています。新幹線開業《しんかんせんかいぎょう》の1か月前《げつまえ》には、東京《とうきょう》モノレール（浜松町《はままつちょう》ー羽田空港《はねだくうこう》）も完成《かんせい》しました。

一方《いっぽう》の東京《とうきょう》オリンピックは、もともと、1940年《ねん》に開催《かいさい》されることになっていました。ところが日中戦争《にっちゅうせんそう》⇒P43の長期化《ちょうきか》によって、資金《しきん》や物資《ぶっし》が不足《ふそく》。やむなく開催予定《かいさいよてい》を返上《へんじょう》した歴史《れきし》があります。

戦後《せんご》、サンフランシスコ講和条約《こうわじょうやく》によって独立《どくりつ》をはたした日本政府《にほんせいふ》は、スポーツを通《とお》して国際社会《こくさいしゃかい》への復帰《ふっき》をアピールしたいと考《かんが》え

＊1 東海道新幹線《とうかいどうしんかんせん》：東京駅《とうきょうえき》から新大阪駅《しんおおさかえき》までを結《むす》ぶ。東京《とうきょう》オリンピックの開催《かいさい》にあわせ、日本《にほん》ではじめて開業《かいぎょう》した新《しん》幹線《かんせん》。

▶東京《とうきょう》オリンピックはテレビで中継《ちゅうけい》され、多《おお》くの人《ひと》が日本《にほん》の活躍《かつやく》に夢中《むちゅう》になった。マンガ『丸出《まるで》だめ夫《お》』（森田拳《もりたけん》次作《じさく》）の連載《れんさい》がはじまったのもこのころ。

ていました。また、東京《とうきょう》に人口《じんこう》が集中《しゅうちゅう》してさまざまな都市問題《としもんだい》が起《お》こってきたので、この機会《きかい》にそれを整備《せいび》するねらいもありました。

こうした願《ねが》いが実《み》を結《むす》び、1964年《ねん》10月《がつ》10日《とおか》、第《だい》18回《かい》オリンピック東京大会《とうきょうたいかい》（東京《とうきょう》オリンピック）が開幕《かいまく》。アジアではじめてのオリンピックです。参加《さんか》した国《くに》と地域《ちいき》は93、参《さん》加《か》した選手《せんしゅ》は5152人《にん》（JOC《ジェイオーシー》ホームページより）。参加国《さんかこく》は前回《ぜんかい》のローマ大会《たいかい》*1より も大幅《おおはば》に増《ふ》えました。

このオリンピックで、日本人選手《にほんじんせんしゅ》は金《きん》メダル16、銀《ぎん》メダル5、銅《どう》メダル8を獲得《かくとく》し、開《かい》催国《さいこく》の名《な》にはじない結果《けっか》を出《だ》すことができました。女子《じょし》バレーボールでは、「東洋《とうよう》の魔女《まじょ》」とよばれた日本代表《にほんだいひょう》がソ連《れん》チームを破《やぶ》って優《ゆう》勝《しょう》。このときのテレビ視聴率《しちょうりつ》は85%に達《たっ》したといわれています。10月《がつ》10日《とおか》はその後《ご》、「体《たい》育《いく》の日《ひ》」となりました。

このオリンピックでは、競技場《きょうぎじょう》や宿泊施設《しゅくはくしせつ》などの建設《けんせつ》と同時《どうじ》に、鉄道《てつどう》や高速道路《こうそくどうろ》の整備《せいび》も進《すす》められました。それらの関連事業《かんれんじぎょう》すべてをふくめた費用《ひよう》は、7年間《ねんかん》で1兆円《ちょうえん》。当時《とうじ》の国家予算《こっかよさん》と同《おな》じという莫大《ばくだい》な金額《きんがく》で、日本《にほん》の経済成長《けいざいせいちょう》に強力《きょうりょく》な追《お》い風《かぜ》となりました。

*1 ローマ大会《たいかい》：1960年《ねん》、イタリアのローマで開催《かいさい》された第《だい》17回夏季《かいかき》オリンピック大会《たいかい》。83の国《くに》と地域《ちいき》が参加《さんか》した。

もっと知りたい！

『SUKIYAKI《スキヤキ》』が世界《せかい》でヒット

1961年《ねん》、坂本九《さかもときゅう》*1のレコード『上《うえ》を向《む》いて歩《ある》こう』が日本《にほん》で発売《はつばい》され、大《だい》ヒットとなりました。1963年《ねん》にはアメリカに紹介《しょうかい》されました。アメリカでは英語《えいご》の歌詞《かし》がつけられ、『SUKIYAKI《スキヤキ》』というタイトルになりました。この『SUKIYAKI《スキヤキ》』はアメリカでも人気《にんき》をよび、みごと全米《ぜんべい》ヒットチャートの1位《い》に輝《かがや》きました。日本《にほん》の歌《うた》が、はじめて世界的《せかいてき》なミリオンセラーになったのです。それ以来《いらい》、アメリカだけではなく世界《せかい》じゅうで、なん人《にん》もの歌手《かしゅ》がこの歌《うた》をうたっています。

▲『上《うえ》を向《む》いて歩《ある》こう』発売当時《はつばいとうじ》のレコードジャケット。

写真：㈱マナセプロダクション提供

『上《うえ》を向《む》いて歩《ある》こう』

【作詞《さくし》】永《えい》 六輔《ろくすけ》　【作曲《さっきょく》】中村《なかむら》 八大《はちだい》

上《うえ》を向《む》いて　歩《ある》こう　なみだが　こぼれないように
思《おも》い出《だ》す　春《はる》の日《ひ》　ひとりぼっちの　夜《よる》
上《うえ》を向《む》いて　歩《ある》こう　にじんだ　星《ほし》をかぞえて
思《おも》い出《だ》す　夏《なつ》の日《ひ》　ひとりぼっちの　夜《よる》

しあわせは　雲《くも》の上《うえ》に　しあわせは　空《そら》の上《うえ》に
上《うえ》を向《む》いて　歩《ある》こう　なみだが　こぼれないように
なきながら　歩《ある》く　ひとりぼっちの　夜《よる》

『SUKIYAKI《スキヤキ》』

It's all because of you,
I'm feeling sad and blue
You went away,
now my life is just a rainy day
And I love you so,
how much you'll never know
You've gone away
and left me lonely

【歌詞《かし》の意味《いみ》】
ぼくがかなしいのは　全部《ぜんぶ》きみのせい
きみがいってしまって、
ぼくの人生《じんせい》は雨《あめ》ふりの日《ひ》のよう
きみが知《し》ることはないけれど
ぼくは君《きみ》を愛《あい》してる
きみはぼくをひとりぼっちにして
いってしまった

*1 坂本九《さかもときゅう》：1941～1985年《ねん》。神奈川県出身《かながわけんしゅっしん》の歌手《かしゅ》。

資料編《しりょうへん》 1 おぼえておきたい！用語集《ようごしゅう》

◆アジア・アフリカ会議《かいぎ》……16
1955年《ねん》、インドネシアのバンドンでアジアやアフリカの29か国《こく》が集《あつ》まって開《ひら》かれた国際会議《こくさいかいぎ》。バンドン会議《かいぎ》ともよばれる。植民地支配《しょくみんちしはい》への反対《はんたい》や国際平和《こくさいへいわ》の推進《すいしん》が確認《かくにん》されたが、2回目以降《かいめいこう》の会議《かいぎ》は開《ひら》かれていない。2005年《ねん》、アジア・アフリカ会議《かいぎ》から50年《ねん》を記念《きねん》して「アジア・アフリカ首脳会議《しゅのうかいぎ》」が開催《かいさい》された。

◆核拡散防止条約《かくかくさんぼうしじょうやく》……35
核兵器不拡散条約《かくへいきふかくさんじょうやく》、NPT《エヌピーティー》ともいう。1968年採択《ねんさいたく》、1970年発効《ねんはっこう》。核兵《かくへい》器《き》をもつ国《くに》には他国《たこく》への譲渡《じょうと》の禁止《きんし》、核《かく》兵器《へいき》をもっていない国《くに》には製造《せいぞう》や取得《しゅとく》の禁止《きんし》などを定《さだ》めている。条約加盟国《じょうやくかめいこく》は190か国《こく》（2010年現在《ねんげんざい》、外務省資《がいむしょうし》料《りょう》）にのぼるが、インド、パキスタン、イスラエルは未加盟《みかめい》、北朝鮮《きたちょうせん》は脱退《だったい》。

◆カストロ……34
1926年《ねん》～。キューバの政治家《せいじか》、前国《ぜんこっ》家評議会議長《かひょうぎかいぎちょう》。キューバ革命《かくめい》でバチスタ政権《せいけん》を打倒《だとう》し、その後長《ごなが》いあいだ指導者《しどうしゃ》の座《ざ》についた。

◆カンボジア内戦《ないせん》……30
1970年《ねん》～。カンボジアでロン＝ノルがクーデターを起《お》こし政権《せいけん》を掌握《しょうあく》すると、アメリカが支援《しえん》のため侵攻《しんこう》。内戦《ないせん》に発展《はってん》した。その後政権《ごせいけん》をにぎったポル＝ポトは自国民《じこくみん》を大量《たいりょう》に虐殺《ぎゃくさつ》。冷戦《れいせん》の影響《えいきょう》もあり、内戦《ないせん》は泥沼化《どろぬまか》した。

◆岸信介《きしのぶすけ》……15・23・24
1896～1987年《ねん》。山口県出身《やまぐちけんしゅっしん》の政《せい》治家《じか》。1957年《ねん》から1960年《ねん》まで、第《だい》56、57代内閣総理大臣《だいないかくそうりだいじん》をつとめる。

◆キューバ革命《かくめい》……34
1959年《ねん》。親米《しんべい》・独裁的《どくさいてき》な政治《せいじ》をおこなっていたバチスタ政権《せいけん》に対《たい》し、カストロがクーデターを起《お》こし政権《せいけん》をにぎったこと。その後《ご》カストロは反《はん》アメリカ的《てき》な政策《せいさく》をおこない、キューバは社会主義体《しゃかいしゅぎたい》制《せい》へと転換《てんかん》した。

◆ケネディ……34・36・37
1917～1963年《ねん》。アメリカの政治《せいじ》家《か》、第《だい》35代大統領《だいだいとうりょう》。キューバ危機《きき》で核戦《かくせん》争《そう》の危険《きけん》を回避《かいひ》するなど功績《こうせき》を残《のこ》したが、1963年《ねん》、遊説中《ゆうぜいちゅう》に暗殺《あんさつ》される。

◆原水爆禁止世界大会《げんすいばくきんしせかいたいかい》……11
核兵器《かくへいき》の廃絶《はいぜつ》をもとめ、原水爆禁止日本《げんすいばくきんしにほん》協議会《きょうぎかい》が毎年《まいとし》おこなう大会《たいかい》。1955年《ねん》に広島《ひろしま》で第一回《だいいっかい》、1956年《ねん》に長崎《ながさき》で第《だい》二回大会《にかいたいかい》がおこなわれた。

◆憲法《けんぽう》9条《じょう》……7
日本国憲法第《にほんこくけんぽうだい》2章《しょう》「戦争《せんそう》の放棄《ほうき》」の条《じょう》文《ぶん》。戦争放棄《せんそうほうき》、戦力《せんりょく》の不保持《ふほじ》、交戦権《こうせんけん》の否認《ひにん》について規定《きてい》している。

◆高度経済成長《こうどけいざいせいちょう》……22・24
1950年代半《ねんだいなか》ばからの日本経済《にほんけいざい》の急激《きゅうげき》な成長《せいちょう》。高度成長《こうどせいちょう》ともよばれる。経済成《けいざいせい》長率《ちょうりつ》が年平均《ねんへいきん》10％をこえ、産業構造《さんぎょうこうぞう》や国《こく》民《みん》の生活《せいかつ》が急速《きゅうそく》に変化《へんか》した。1973年《ねん》にオイルショックが起《お》こり、終了《しゅうりょう》した。

◆国連《こくれん》……6・8・14
世界《せかい》の平和《へいわ》と、経済《けいざい》、社会《しゃかい》の発展《はってん》のために協力《きょうりょく》することを目的《もくてき》に、1945年《ねん》につくられた組織《そしき》。2014年現在《ねんげんざい》、世界《せかい》の193か国《こく》が加盟《かめい》している。

◆国連安全保障理事会《こくれんあんぜんほしょうりじかい》……8
世界《せかい》の平和《へいわ》と安全《あんぜん》を守《まも》るための国連《こくれん》の専《せん》門機関《もんきかん》。5か国《こく》の常任理事国《じょうにんりじこく》と10か国《こく》の非常任理事国《ひじょうにんりじこく》で構成《こうせい》され、国連加盟国《こくれんかめいこく》はこの決議《けつぎ》にしたがわなければならない。

◆国連難民高等弁務官事務所《こくれんなんみんこうとうべんむかんじむしょ》（UNHCR《ユーエヌエイチシーアール》）……8
紛争《ふんそう》や人権侵害《じんけんしんがい》によって住《す》んでいた地域《ちいき》を追《お》われ、難民《なんみん》となった人《ひと》びとを救《すく》うた

◎ここでは、本文《ほんぶん》でピンク色《いろ》にした言葉《ことば》を50音順《おんじゅん》にならべて解説《かいせつ》しています。

め、世界規模《せかいきぼ》の活動《かつどう》をする国連機関《こくれんきかん》。

◆国連平和維持活動《こくれんへいわいじかつどう》（ＰＫＯ《ピーケイオー》）……8
国連総会《こくれんそうかい》または国連安全保障理事会《こくれんあんぜんほしょうりじかい》の決定《けってい》でおこなわれる、平和《へいわ》のための活動《かつどう》。国際紛争《こくさいふんそう》や内戦《ないせん》が停戦《ていせん》したあとで国連《こくれん》の組織《そしき》が同意《どうい》を得《え》てその地域《ちいき》に入《はい》り、治安《ちあん》の維持《いじ》や停戦《ていせん》の監視《かんし》をはじめさまざまな活動《かつどう》をおこなう。

◆サンフランシスコ講和条約《こうわじょうやく》……9・13・38
第二次世界大戦後《だいにじせかいたいせんご》、アメリカのサンフランシスコで調印《ちょういん》。ＧＨＱ《ジーエイチキュー》に占領《せんりょう》されていた日本《にほん》が主権《しゅけん》を回復《かいふく》することや、日本《にほん》が第二次世界大戦中《だいにじせかいたいせんちゅう》に得《え》た領土《りょうど》をどうするかということなどが定《さだ》められた。

◆資本主義《しほんしゅぎ》……30
社会主義《しゃかいしゅぎ》に対《たい》し、人《ひと》びとが自由《じゆう》に経済活動《けいざいかつどう》をおこない、自分《じぶん》でもうけたお金《かね》は自分《じぶん》のものにできる、ということに象徴《しょうちょう》される考《かんが》え方《かた》。企業《きぎょう》どうしの競争《きょうそう》が活発《かっぱつ》におこなわれ、商品開発《しょうひんかいはつ》や低価格化《ていかかくか》が進《すす》む。

◆自民党《じみんとう》……12・13・15・23
自由民主党《じゆうみんしゅとう》。１９５５年《ねん》、自由党《じゆうとう》と日本《にほん》民主党《みんしゅとう》の統一《とういつ》により誕生《たんじょう》した政党《せいとう》。以降《いこう》１９９３年《ねん》まで長期《ちょうき》にわたり政権《せいけん》をとりつづけた。

◆社会主義《しゃかいしゅぎ》……30
人《ひと》びとが国家《こっか》の統制《とうせい》のもとで経済活動《けいざいかつどう》をおこない、得《え》たお金《かね》は一度《いちど》国家《こっか》が預《あず》り、国民《こくみん》に公平《こうへい》に分配《ぶんぱい》するという考《かんが》え方《かた》。

◆社会党《しゃかいとう》……12・13・15・23
日本社会党《にっぽんしゃかいとう》。１９４５年《ねん》に誕生《たんじょう》した政党《せいとう》。１９９６年《ねん》、社会民主党《しゃかいみんしゅとう》に改名《かいめい》。

◆神武景気《じんむけいき》……17
１９５４年《ねん》から１９５７年《ねん》の好景気《こうけいき》のこと。「こんなに景気《けいき》がよいのは神武天皇《じんむてんのう》（日本初代《にほんしょだい》と伝《つた》えられる天皇《てんのう》）以来《いらい》だ」としてこう名《な》づけられた。

◆水爆《すいばく》……10・11・12
水素爆弾《すいそばくだん》の略《りゃく》。水素《すいそ》の同位体《どういたい》の核融合《かくゆうごう》によって大量《たいりょう》のエネルギーを放出《ほうしゅつ》する、核《かく》爆弾《ばくだん》の一種《いっしゅ》。起爆剤《きばくざい》として原子爆弾《げんしばくだん》を利用《りよう》し、原爆《げんばく》よりも大《おお》きな破壊力《はかいりょく》をもつ。

◆世界銀行《せかいぎんこう》……38
加盟国《かめいこく》に対《たい》して必要《ひつよう》な資金《しきん》の貸《か》し出《だ》しをする国連《こくれん》の専門機関《せんもんきかん》。発展途上国《はってんとじょうこく》の経済《けいざい》と社会《しゃかい》の発展《はってん》などを支《ささ》える役割《やくわり》をもつ。国際復興開発銀行《こくさいふっこうかいはつぎんこう》（ＩＢＲＤ《アイビーアールディー》）、国際開《こくさいかい》発協会《はっきょうかい》（ＩＤＡ《アイディーエイ》）など、５つの機関《きかん》からなる。

◆世界人権宣言《せかいじんけんせんげん》……8
１９４８年《ねん》に第三回《だいさんかい》国連総会《こくれんそうかい》で採択《さいたく》。第《だい》二次世界大戦《にじせかいたいせん》で多《おお》くの人権侵害《じんけんしんがい》が起《お》こったことを教訓《きょうくん》として、誰《だれ》もが人間《にんげん》らしく生《い》きる権利《けんり》の大切《たいせつ》さをうたい、すべての人民《じんみん》とすべての国《くに》が達成《たっせい》すべき共通《きょうつう》の基準《きじゅん》とされている。

◆中央労働委員会《ちゅうおうろうどういいんかい》……25
１９４６年《ねん》、労働組合法《ろうどうくみあいほう》にもとづいて設立《せつりつ》された行政機関《ぎょうせいきかん》。労働者《ろうどうしゃ》と会社側《かいしゃがわ》の調整《ちょうせい》をおこなう。現在《げんざい》は厚生労働省《こうせいろうどうしょう》に管轄《かんかつ》される。

◆中東戦争《ちゅうとうせんそう》……8
１９４８年《ねん》のイスラエル建国《けんこく》をきっかけに、イスラム教《きょう》を信仰《しんこう》するアラブ諸国《しょこく》とイスラエルとのあいだで起《お》こった戦争《せんそう》。１９４８～１９４９年《ねん》、１９５６年《ねん》、１９６７年《ねん》、１９７３年《ねん》の４度《ど》にわたり起《お》こった。

◆朝鮮戦争《ちょうせんせんそう》……7・8・25・30
１９５０～１９５３年《ねん》。第二次世界大戦《だいにじせかいたいせん》後《ご》、朝鮮半島《ちょうせんはんとう》の南側《みなみがわ》にアメリカが支援《しえん》する大韓民国《だいかんみんこく》（韓国《かんこく》）が、北側《きたがわ》にソ連《れん》が支援《しえん》する朝鮮民主主義人民共和国《ちょうせんみんしゅしゅぎじんみんきょうわこく》（北朝鮮《きたちょうせん》）が誕生《たんじょう》。北朝鮮《きたちょうせん》が韓国《かんこく》に攻《せ》めこんだため朝鮮戦争《ちょうせんせんそう》が起《お》こり、アメリカが韓国《かんこく》を支援《しえん》して長期化《ちょうきか》した。

◆日米安保条約《にちべいあんぽじょうやく》……9・13・23・24
１９５１年《ねん》、サンフランシスコ講和条約《こうわじょうやく》に続《つづ》いて日本《にほん》とアメリカのあいだで調《ちょう》印《いん》。アメリカ軍《ぐん》が日本《にほん》に駐留《ちゅうりゅう》することが認《みと》められた。1960年《ねん》に改定《かいてい》され、両《りょう》国《こく》がたがいに協力《きょうりょく》する義務《ぎむ》があることなどがあらたに定《さだ》められた。

◆**日米地位協定《にちべいちいきょうてい》**……23
1960年《ねん》、日本《にほん》とアメリカのあいだで調印《ちょういん》。日米安保条約《にちべいあんぽじょうやく》にもとづき、日本《にほん》にいるアメリカ軍《ぐん》について、権利《けんり》や基地《きち》の提供《ていきょう》に関《かん》することを定《さだ》めている。

◆**日中戦争《にっちゅうせんそう》**……38
1937〜1945年《ねん》。盧溝橋事件《ルーコウチアオじけん》をきっかけに起《お》こった日本《にほん》と中国《ちゅうごく》の戦争《せんそう》。日《に》本軍《ほんぐん》に対《たい》して中国国民党《ちゅうごくこくみんとう》と中国共産党《ちゅうごくきょうさんとう》が協力《きょうりょく》して戦《たたか》い、戦争《せんそう》は長期化《ちょうきか》して、太平《たいへい》洋戦争《ようせんそう》へと拡大《かくだい》していった。

◆**パグウォッシュ会議《かいぎ》**……12
核兵器《かくへいき》と戦争《せんそう》の廃絶《はいぜつ》をめざしておこなわれる科学者《かがくしゃ》の国際会議《こくさいかいぎ》。1955年《ねん》に核《かく》戦争《せんそう》の危険《きけん》をうったえ発表《はっぴょう》されたラッセル＝アインシュタイン宣言《せんげん》の内容《ないよう》を具体《ぐたい》化《か》するため、第一回会議《だいいっかいかいぎ》が1957年《ねん》にカナダのパグウォッシュで開《ひら》かれた。1995年《ねん》にノーベル平和賞《へいわしょう》を受賞《じゅしょう》。

◆**鳩山一郎《はとやまいちろう》**……15
1883〜1959年《ねん》。東京出身《とうきょうしゅっしん》の政治《せいじ》家《か》、弁護士《べんごし》。1954年《ねん》から1956年《ねん》まで、第《だい》52、53、54代内閣総理大臣《だいないかくそうりだいじん》をつとめる。

◆**部分的核実験禁止条約《ぶぶんてきかくじっけんきんしじょうやく》**……35
1963年《ねん》、アメリカ、イギリス、ソ連《れん》が調印《ちょういん》。大気圏内《たいきけんない》、宇宙《うちゅう》、水中《すいちゅう》の核実験《かくじっけん》を禁止《きんし》したが、地下《ちか》の核実験《かくじっけん》は禁止《きんし》しなかったため、3国《ごく》はその後《ご》も地下核実験《ちかかくじっけん》を続《つづ》けた。また、地下核実験《ちかかくじっけん》の技術《ぎじゅつ》をもたないフランスや中国《ちゅうごく》は調印《ちょういん》しなかった。

◆**フルシチョフ**……34
1894〜1971年《ねん》。ソ連《れん》の政治家《せいじか》。スターリンの死後《しご》、共産党第一書記《きょうさんとうだいいちしょき》としてソ連《れん》を指導《しどう》。スターリンの独裁政治《どくさいせいじ》を批判《ひはん》しアメリカとの関係改善《かんけいかいぜん》につとめたが、中国《ちゅうごく》との関係《かんけい》は悪化《あっか》した。

◆**ベトナム戦争《せんそう》**……30・36
1960年代《ねんだい》からベトナムで起《お》こった戦《せん》争《そう》。第二次世界大戦後《だいにじせかいたいせんご》、ベトナムはソ連《れん》や中国《ちゅうごく》が支援《しえん》する北《きた》ベトナムと、アメリカが支援《しえん》する南《みなみ》ベトナムにわかれていたが、社会主義《しゃかいしゅぎ》の拡大《かくだい》をおそれたアメリカが1965年《ねん》に北《きた》ベトナムを攻撃《こうげき》。戦争《せんそう》が長期化《ちょうきか》するとアメリカが猛毒《もうどく》の枯葉剤《かれはざい》を散布《さんぷ》するなどし、国際社会《こくさいしゃかい》から批判《ひはん》された。1973年《ねん》にアメリカが撤退《てったい》し、1976年《ねん》に南北《なんぼく》ベトナムが統一《とういつ》。

◆**包括的核実験禁止条約《ほうかつてきかくじっけんきんしじょうやく》**……35
1996年採択《ねんさいたく》。地下核実験《ちかかくじっけん》をふくめ、核兵器《かくへいき》をつくるために必要《ひつよう》な核実験《かくじっけん》を禁《きん》止《し》した条約《じょうやく》。日本《にほん》は1997年《ねん》に批准《ひじゅん》したが、2014年現在《ねんげんざい》、アメリカや中《ちゅう》国《ごく》、インド、パキスタンなどが批准《ひじゅん》や署《しょ》名《めい》をしていないため、いまだに効力《こうりょく》が発《はっ》生《せい》していない。

◆**北方領土《ほっぽうりょうど》**……14
北海道《ほっかいどう》の北東《ほくとう》にある択捉島《えとろふとう》、国後島《くなしりとう》、色《しこ》丹島《たんとう》、歯舞諸島《はぼまいしょとう》。第二次世界大戦直後《だいにじせかいたいせんちょくご》にソ連軍《れんぐん》が占拠《せんきょ》し、現在《げんざい》もロシアが役所《やくしょ》を置《お》くなどして支配《しはい》している。歴史的《れきしてき》に日《に》本固有《ほんこゆう》の領土《りょうど》であり、日本《にほん》が返還《へんかん》をもとめている。

◆**湯川秀樹《ゆかわひでき》**……12
1907〜1981年《ねん》。東京出身《とうきょうしゅっしん》の物理《ぶつり》学者《がくしゃ》。原子核内《げんしかくない》の中間子《ちゅうかんし》の存在《そんざい》を予想《よそう》し、1949年《ねん》にノーベル物理学賞《ぶつりがくしょう》を受賞《じゅしょう》した。1955年《ねん》にラッセル＝アインシュタイン宣言《せんげん》に署名《しょめい》。

◆**労働組合《ろうどうくみあい》**……23・25
労働者《ろうどうしゃ》が、会社《かいしゃ》などやとい主《ぬし》に対《たい》して、賃金《ちんぎん》や労働時間《ろうどうじかん》などの待遇《たいぐう》について改善《かいぜん》の交渉《こうしょう》をするためにつくる組織《そしき》。

資料編《しりょうへん》2 年表《ねんぴょう》で時代《じだい》を整理《せいり》！

そのとき世界《せかい》は

1948年《ねん》	5月《がつ》、イスラエルの独立宣言《どくりつせんげん》に対抗《たいこう》してアラブ諸国《しょこく》が侵攻《しんこう》し、第一次中東戦争《だいいちじちゅうとうせんそう》が起《お》こる。国連《こくれん》は国連休戦監視機構《こくれんきゅうせんかんしきこう》（UNTSO《ユーエヌティーエスオー》）を派遣《はけん》。12月《がつ》、国連総会《こくれんそうかい》で世界人権宣言《せかいじんけんせんげん》が採択《さいたく》される
1950年《ねん》	6月《がつ》、北朝鮮軍《きたちょうせんぐん》が韓国《かんこく》に攻《せ》めいり、朝鮮戦争《ちょうせんせんそう》がはじまる
1951年《ねん》	1月《がつ》、国連難民高等弁務官事務所《こくれんなんみんこうとうべんむかんじむしょ》（UNHCR《ユーエヌエイチシーアール》）が発足《ほっそく》。7月《がつ》、難民条約《なんみんじょうやく》が採択《さいたく》される
1955年《ねん》	4月《がつ》、アジア・アフリカ会議《かいぎ》（バンドン会議《かいぎ》）が開《ひら》かれる。7月《がつ》、ラッセル＝アインシュタイン宣言《せんげん》が発表《はっぴょう》される
1956年《ねん》	10月《がつ》、第二次中東戦争《だいにじちゅうとうせんそう》が起《お》こる
1957年《ねん》	7月《がつ》、ラッセル＝アインシュタイン宣言《せんげん》にもとづき、カナダでパグウォッシュ会議《かいぎ》が開《ひら》かれる。10月《がつ》、ソ連《れん》が人工衛星《じんこうえいせい》スプートニク1号《ごう》の打《う》ちあげに成功《せいこう》
1959年《ねん》	1月《がつ》、キューバでカストロがバチスタ政権《せいけん》を倒《たお》し、政権《せいけん》をとる（キューバ革命《かくめい》）
1960年《ねん》	アフリカで植民地《しょくみんち》だった17か国《こく》が独立《どくりつ》。アフリカの年《とし》とよばれるようになる。12月《がつ》、南《みなみ》ベトナム解放民族戦線《かいほうみんぞくせんせん》が樹立《じゅりつ》されて、アメリカが支援《しえん》する南《みなみ》ベトナムへの攻撃《こうげき》をはじめ、ベトナムでの戦争《せんそう》が激化《げきか》する
1961年《ねん》	8月《がつ》、東《ひがし》ドイツ政府《せいふ》がベルリンの壁《かべ》の建設《けんせつ》を開始《かいし》。4月《がつ》、ソ連《れん》の宇宙船《うちゅうせん》「ボストーク1号《ごう》」が有人宇宙飛行《ゆうじんうちゅうひこう》に成功《せいこう》
1962年《ねん》	10月《がつ》、キューバ危機《きき》が発生《はっせい》
1963年《ねん》	5月《がつ》、アフリカ統一機構《とういつきこう》（OAU《オーエイユー》）が発足《ほっそく》する。8月《がつ》、アメリカ、イギリス、ソ連《れん》が部分的核実験禁止条約《ぶぶんてきかくじっけんきんしじょうやく》に調印《ちょういん》。11月《がつ》、遊説中《ゆうぜいちゅう》のケネディ大統領《だいとうりょう》が暗殺《あんさつ》される
1965年《ねん》	2月《がつ》、アメリカが北《きた》ベトナムへの爆撃《ばくげき》（北爆《ほくばく》）を開始《かいし》
1966年《ねん》	この年《とし》、中国《ちゅうごく》で文化大革命《ぶんかだいかくめい》がはじまる
1967年《ねん》	6月《がつ》、第三次中東戦争《だいさんじちゅうとうせんそう》が起《お》こる
1968年《ねん》	核拡散防止条約《かくかくさんぼうしじょうやく》（NPT《エヌピーティー》）が採択《さいたく》される
1969年《ねん》	7月《がつ》、アポロ11号《ごう》が月面到着《げつめんとうちゃく》
1970年《ねん》	3月《がつ》、カンボジア内戦《ないせん》がはじまる
1971年《ねん》	8月《がつ》、アメリカのニクソン大統領《だいとうりょう》がニクソン声明《せいめい》を発表《はっぴょう》
1973年《ねん》	1月《がつ》、ベトナム和平協定《わへいきょうてい》が調印《ちょういん》される。10月《がつ》、第四次中東戦争《だいよじちゅうとうせんそう》が起《お》こり、オイルショックが発生《はっせい》する
1989年《ねん》	12月《がつ》、マルタ会談《かいだん》でアメリカのブッシュ大統領《だいとうりょう》とソ連《れん》のゴルバチョフ大統領《だいとうりょう》が冷戦《れいせん》の終結《しゅうけつ》を宣言《せんげん》
1991年《ねん》	12月《がつ》、ソ連《れん》が解体《かいたい》する
1996年《ねん》	国連総会《こくれんそうかい》で包括的核実験禁止条約《ほうかつてきかくじっけんきんしじょうやく》が採択《さいたく》される（2014年現在《ねんげんざい》、発効《はっこう》はしていない）

そのとき日本《にほん》は

1950年《ねん》	7月《がつ》、レッドパージはじまる。日本労働組合総評議会《にほんろうどうくみあいそうひょうぎかい》（総評《そうひょう》）が結成《けっせい》される。8月《がつ》、警察予備隊《けいさつよびたい》がつくられる
1951年《ねん》	9月《がつ》、サンフランシスコ講和条約《こうわじょうやく》、日米安保条約《にちべいあんぽじょうやく》に調印《ちょういん》
1952年《ねん》	10月《がつ》、警察予備隊《けいさつよびたい》が保安隊《ほあんたい》となり、11万人《まんにん》に増員《ぞういん》される
1954年《ねん》	3月《がつ》、第五福竜丸《だいごふくりゅうまる》が被曝《ひばく》。6月《がつ》、学校給食法《がっこうきゅうしょくほう》、自衛隊法《じえいたいほう》が制定《せいてい》される。12月《がつ》、神武景気《じんむけいき》とよばれる好景気《こうけいき》がはじまる
1955年《ねん》	8月《がつ》、広島《ひろしま》で第一回原水爆禁止世界大会《だいいっかいげんすいばくきんしせかいたいかい》が開《ひら》かれる。10月《がつ》、社会党《しゃかいとう》が4年《ねん》ぶりに統一《とういつ》される。11月《がつ》、保守勢《ほしゅせい》力《りょく》も統一《とういつ》し、自民党《じみんとう》が誕生《たんじょう》。55年体制《ねんたいせい》がはじまる
1956年《ねん》	7月《がつ》、経済白書《けいざいはくしょ》が発表《はっぴょう》され、結《むす》びの言葉《ことば》「もはや戦後《せんご》ではない」が流行語《りゅうこうご》になる。10月《がつ》、日《にっ》ソ共同宣言《きょうどうせんげん》に調《ちょう》印《いん》。12月《がつ》、国連総会《こくれんそうかい》で日本《にほん》の国連加盟《こくれんかめい》が可決《かけつ》される
1957年《ねん》	2月《がつ》、岸信介《きしのぶすけ》が総理大臣《そうりだいじん》に就任《しゅうにん》する
1958年《ねん》	この年《とし》、岩戸景気《いわとけいき》とよばれる好景気《こうけいき》がはじまる。8月《がつ》、インスタントラーメンが発売《はつばい》される。11月《がつ》、東京《とうきょう》―大阪間《おおさかかん》で特急《とっきゅう》こだまの運転開始《うんてんかいし》。12月《がつ》、東京《とうきょう》タワーが完成《かんせい》する
1959年《ねん》	8月《がつ》、三井鉱山《みついこうざん》が人員削減《じんいんさくげん》を提案《ていあん》し、翌年《よくねん》にかけて三池争議《みいけそうぎ》が起《お》こる
1960年《ねん》	1月《がつ》、民主社会党《みんしゅしゃかいとう》が結成《けっせい》される（1969年《ねん》に民社党《みんしゃとう》へ改名《かいめい》）。1月《がつ》、新《あたら》しい日米安保条約《にちべいあんぽじょうやく》に調印《ちょういん》し、5月《がつ》に衆議《しゅうぎ》院《いん》で強行採決《きょうこうさいけつ》、6月《がつ》に自然承認《しぜんしょうにん》され成立《せいりつ》。同時《どうじ》に日米安保条約反対闘争《にちべいあんぽじょうやくはんたいとうそう》が起《お》こり、国会前《こっかいまえ》で全学連《ぜんがくれん》と警察隊《けいさつたい》が衝突《しょうとつ》する。7月《がつ》、岸信介《きしのぶすけ》は退陣《たいじん》。池田勇人《いけだはやと》が総理大臣《そうりだいじん》に就任《しゅうにん》し、所得倍増計画《しょとくばいぞうけいかく》を発表《はっぴょう》する
1961年《ねん》	このころ、レジャーブームがはじまる
1962年《ねん》	この年《とし》、オリンピック景気《けいき》とよばれる好景気《こうけいき》がはじまる。4月《がつ》、全日本労働総同盟組合会議《ぜんにほんろうどうそうどうめいくみあいかいぎ》（同盟会議《どうめいかいぎ》）が結《けっ》成《せい》される
1963年《ねん》	2月《がつ》、熊本大学医学部《くまもとだいがくいがくぶ》が、水俣病《みなまたびょう》はチッソ水銀《すいぎん》が原因《げんいん》だと発表《はっぴょう》。11月《がつ》、日米《にちべい》テレビ宇宙中継実験《うちゅうちゅうけいじっけん》で、ケネディ大統領《だいとうりょう》の暗殺《あんさつ》が伝《つた》えられる
1964年《ねん》	10月《がつ》、東海道新幹線《とうかいどうしんかんせん》が開業《かいぎょう》。東京《とうきょう》オリンピックが開催《かいさい》される。11月《がつ》、佐藤栄作《さとうえいさく》が総理大臣《そうりだいじん》に就任《しゅうにん》する
1965年《ねん》	この年《とし》、いざなぎ景気《けいき》とよばれる好景気《こうけいき》がはじまる。6月《がつ》、日韓基本条約《にっかんきほんじょうやく》に調印《ちょういん》。7月《がつ》、沖縄《おきなわ》の嘉手納基地《かでなきち》からベトナムへ、アメリカ軍《ぐん》の爆撃機《ばくげきき》が出撃《しゅつげき》する
1966年《ねん》	6月《がつ》、イギリスからビートルズが来日《らいにち》。7月《がつ》にかけて日本武道館《にほんぶどうかん》で公演《こうえん》をおこなう
1972年《ねん》	7月《がつ》、田中角栄《たなかかくえい》が総理大臣《そうりだいじん》に就任《しゅうにん》
1973年《ねん》	2月《がつ》、日本《にほん》が変動相場制《へんどうそうばせい》に移《うつ》る。10月《がつ》、オイルショックが発生《はっせい》し、日本経済《にほんけいざい》にも混乱《こんらん》をおよぼす

さくいん

◆あ行《ぎょう》

アイゼンハワー……23
アインシュタイン……12
赤本《あかほん》……20
浅沼稲次郎《あさぬまいねじろう》……15
アジア・アフリカ会議《かいぎ》……16・41
アフリカ……16・22
アフリカ統一機構《とういつきこう》（OAU《オーエイユー》）……22
アフリカの年《とし》……22
アメリカ……8・9・10・12・13・22・23・29・30・31・32・34・35・36・37・40
イギリス……8・29・35
池田勇人《いけだはやと》……24
インスタントコーヒー……33
インスタントラーメン……33
インドネシア……16
『上《うえ》を向《む》いて歩《ある》こう』……40
『ウルトラマン』……26
エクスプローラ1号《ごう》……29
エネルギー革命《かくめい》……32

◆か行《ぎょう》

『快傑《かいけつ》ハリマオ』……26
ガガーリン……29
核開発競争《かくかいはつきょうそう》……12
核拡散防止条約《かくかくさんぼうしじょうやく》……35・41
核実験《かくじっけん》……35
核戦争《かくせんそう》……34
核弾頭《かくだんとう》……29
核兵器《かくへいき》……12・34・35
貸本《かしほん》マンガ……20・21
貸本屋《かしほんや》……21
カストロ……34・41
家庭電化時代《かていでんかじだい》……17
家電《かでん》……17
カナダ……12
樺美智子《かんばみちこ》……23
カンボジア内戦《ないせん》……30・41
岸信介《きしのぶすけ》……15・23・24・41
キューバ……34
キューバ革命《かくめい》……34・41
キューバ危機《きき》……34・36
拒否権《きょひけん》……8・14
久保山愛吉《くぼやまあいきち》……10
経済《けいざい》の季節《きせつ》……24
経済白書《けいざいはくしょ》……17
警察予備隊《けいさつよびたい》……7
傾斜生産方式《けいしゃせいさんほうしき》……32
『月光仮面《げっこうかめん》』……26・27
ケネディ……34・36・37・41
原水爆禁止世界大会《げんすいばくきんしせかいたいかい》……11・41
原爆《げんばく》……10・11・12・30
憲法《けんぽう》9条《じょう》……7・41
高度経済成長《こうどけいざいせいちょう》……22・24・41
公民権運動《こうみんけんうんどう》……36
国際連合《こくさいれんごう》⇒国連《こくれん》
国鉄《こくてつ》……18
国連《こくれん》……6・8・14・41
国連安全保障理事会《こくれんあんぜんほしょうりじかい》……8・41
国連休戦監視機構《こくれんきゅうせんかんしきこう》（UNTSO《ユーエヌティーエスオー》）……8
国連憲章《こくれんけんしょう》……16
国連総会《こくれんそうかい》……8・14
国連難民高等弁務官事務所《こくれんなんみんこうとうべんむかんじむしょ》（UN《ユーエヌ》HCR《エイチシーアール》）……8・41
国連平和維持活動《こくれんへいわいじかつどう》（PKO《ピーケイオー》）……8・42
55年体制《ねんたいせい》……12・13・15
『ゴジラ』……11
こだま……18
ゴルバチョフ……31

◆さ行《ぎょう》

坂本九《さかもときゅう》……40
『サザエさん』……20
参議院《さんぎいん》……23
三種《さんしゅ》の神器《じんぎ》……17・33
サンフランシスコ講和条約《こうわじょうやく》……9・13・38・42
CIA《シーアイエイ》……34
GHQ《ジーエイチキュー》……7
自衛隊《じえいたい》……7・13
自衛隊法《じえいたいほう》……7
死《し》の灰《はい》……10
資本主義《しほんしゅぎ》……30・42
自民党《じみんとう》……12・13・15・23・42
社会主義《しゃかいしゅぎ》……30・42
社会党《しゃかいとう》……12・13・15・23・42
衆議院《しゅうぎいん》……23
集団安全保障《しゅうだんあんぜんほしょう》……8
自由党《じゆうとう》……13
自由民主党《じゆうみんしゅとう》⇒自民党《じみんとう》
常任理事国《じょうにんりじこく》……8
『少年《しょうねん》ジェット』……26
消費革命《しょうひかくめい》……33
植民地《しょくみんち》……16・22
所得倍増計画《しょとくばいぞうけいかく》……22・24・33
新幹線《しんかんせん》……38
人工衛星《じんこうえいせい》……22・29
『新宝島《しんたからじま》』……20
神武景気《じんむけいき》……17・42
水爆《すいばく》……10・11・12・42
スーダン……8・16
杉《すぎ》の子《こ》……11
『SUKIYAKI《スキヤキ》』……40
鈴木茂三郎《すずきもさぶろう》……15
ストライキ……25
スプートニク1号《ごう》……29
政治《せいじ》の季節《きせつ》……24
世界銀行《せかいぎんこう》……38・42
世界人権宣言《せかいじんけんせんげん》……8・42

石炭《せきたん》……25・32
石油《せきゆ》……25・32
全学連《ぜんがくれん》……23・25
ソ連《れん》……8・10・12・14・22・29・30・31・34・35・36・39

◆た行《ぎょう》
大国一致《たいこくいっち》の原則《げんそく》……8
第五福竜丸《だいごふくりゅうまる》……10・11
第三世界《だいさんせかい》……16
第二次世界大戦《だいにじせかいたいせん》……6・16・29・30・31
大陸間弾道《たいりくかんだんどう》ミサイル……29
代理戦争《だいりせんそう》……22・31
WTO《ダブリューティーオー》……30
中央労働委員会《ちゅうおうろうどういいんかい》……25・42
中華民国《ちゅうかみんこく》……8
中距離弾道《ちゅうきょりだんどう》ミサイル……34
中国《ちゅうごく》……8・16・35
中東戦争《ちゅうとうせんそう》……8・42
朝鮮戦争《ちょうせんせんそう》……7・8・25・30・42
朝鮮半島《ちょうせんはんとう》……7・31
円谷英二《つぶらやえいじ》……11
手塚治虫《てづかおさむ》……20
鉄鋼《てっこう》……32
『鉄腕《てつわん》アトム』……26
ドイツ……28・29
東海道新幹線《とうかいどうしんかんせん》……38
東京《とうきょう》オリンピック……37・38・39
東京《とうきょう》タワー……18
東京《とうきょう》モノレール……38
東洋《とうよう》の魔女《まじょ》……39

◆な行《ぎょう》
NASA《ナサ》……37
ナショナル・ポリス・リザーブ……7
NATO《ナトー》……30
難民条約《なんみんじょうやく》……8
西《にし》ドイツ……28
西《にし》ベルリン……28
日米安保条約《にちべいあんぽじょうやく》……9・13・23・24・42
日米地位協定《にちべいちいきょうてい》……23・43
日ソ共同宣言《にっそきょうどうせんげん》……14
日中戦争《にっちゅうせんそう》……38・43
日本社会党《にっぽんしゃかいとう》⇒社会党《しゃかいとう》
日本共産党《にほんきょうさんとう》……23
日本民主党《にほんみんしゅとう》……13・15
日本労働組合総評議会《にほんろうどうくみあいそうひょうぎかい》……25

◆は行《ぎょう》
パグウォッシュ会議《かいぎ》……12・43
長谷川町子《はせがわまちこ》……20
鳩山一郎《はとやまいちろう》……15・43
バンドン会議《かいぎ》
⇒アジア・アフリカ会議《かいぎ》
東《ひがし》ドイツ……28
東《ひがし》ベルリン……28
ひかり……38
ビキニ環礁《かんしょう》……10・11
ブッシュ……31
部分的核実験禁止条約《ぶぶんてきかくじっけんきんしじょうやく》……35・43
フランス……8・35
フルシチョフ……34・43
平和十原則《へいわじゅうげんそく》……16
ベトナム戦争《せんそう》……30・36・43
ベルリン……28
ベルリンの壁《かべ》……28
保安隊《ほあんたい》……7
包括的核実験禁止条約《ほうかつてきかくじっけんきんしじょうやく》……35・43
放射能《ほうしゃのう》……35
ボストーク1号《ごう》……29
北方領土《ほっぽうりょうど》……14・43

◆ま行《ぎょう》
マイカー時代《じだい》……33
マッカーサー……7
『まぼろし探偵《たんてい》』……26
マンガ……20
三池争議《みいけそうぎ》……25
ミサイル……22・29・34
三井鉱山《みついこうざん》……25
南《みなみ》スーダン……8
民主社会党《みんしゅしゃかいとう》……15

◆や行《ぎょう》
夕刊《ゆうかん》フクニチ……20
湯川秀樹《ゆかわひでき》……12・43
吉田茂《よしだしげる》……9

◆ら行《ぎょう》
ラッセル……12
ラッセル＝アインシュタイン宣言《せんげん》……12
リレー1号《ごう》……37
冷戦《れいせん》……13・28・30・31・36
レジャーブーム……33
労働組合《ろうどうくみあい》……23・25・43
ロケット……29
ロシア……8・31
ロックアウト……25